Die Lenormand-Fibel

Sandra Küper

Die Lenormand-Fibel

Interpretationen to go!

Bibliografische Information der Deutschen Nationalbibliothek:
Die Deutsche Nationalbibliothek verzeichnet diese Publikation in
der Deutschen Nationalbibliografie; detaillierte bibliografische
Daten sind im Internet über http://dnb.dnb.de abrufbar.

© 2014 Sandra Küper

Illustration: **Sandra Küper**

Herstellung und Verlag: BoD – Books on Demand, Norderstedt

ISBN: 978-3-735723369

Inhaltsverzeichnis

Vorwort — *7*
Der Reiter — *11*
Der Klee — *15*
Das Schiff — *19*
Das Haus — *23*
Der Baum — *27*
Die Wolken — *31*
Die Schlange — *35*
Der Sarg — *39*
Die Blumen — *43*
Die Sense — *47*
Die Ruten — *51*
Die Eulen (Vögel) — *55*
Das Kind — *59*
Der Fuchs — *63*
Der Bär — *67*
Die Sterne — *71*
Die Störche — *75*
Der Hund — *79*
Der Turm — *83*
Der Park — *87*
Der Berg — *91*

Die Wege	*95*
Die Mäuse	*99*
Das Herz	*103*
Der Ring	*107*
Der Brief	*111*
Der Brief	*115*
Der Mann	*119*
Die Frau	*123*
Die Lilien	*127*
Die Sonne	*131*
Der Mond	*135*
Der Schlüssel	*139*
Die Fische	*143*
Der Anker	*147*
Das Kreuz	*151*

Vorwort

Liebe Leserin, lieber Leser!

Ich möchte mich Ihnen kurz vorstellen:

Mein Name ist Sandra Küper und ich lege schon sehr lange die Lenormandkarten. Nach meiner aktiven Zeit als professionelle Kartenlegerin widmete ich mich verstärkt der Ausbildung anderer interessierter Menschen. Inspiriert durch diese Menschen entschloss ich mich nun, mein Wissen in Buchform zu veröffentlichen.

Mein privates Leben füllt meine Tochter aus. In meinem Hauptberuf bin ich Erzieherin.

Zur Einleitung einige Worte zur Nutzung dieses Buches:
Zu Beginn eines Kapitels befinden sich die Bilder zur jeweiligen Lenormandkarte. (Die abgebildeten Karten gibt es nicht im Handel. Ich habe sie vor einiger Zeit selbst gemalt.)

Daran schließt sich eine Erklärung der Karte an. Auf der nächsten Seite finden Sie weitere Bedeutungen der Karte in tabellarischer Form wie Angaben zum Zeitfaktor.

Planet, Sternzeichen oder Haus: Gibt erweiterte Angaben zur jeweiligen Karte. Manchmal hilft diese zusätzliche Deutungsmöglichkeit.

Zeitwert: Hier geben die Werte eine mögliche Dauer an, wann ein Ereignis eintreten kann.

Zahlwert: Dieser Wert hilft Ihnen, abzuschätzen, wie viel da auf Sie zukommen kann. Bsp.: Vögel und Brief> zwei mal Post

Person: In dieser Sparte finden Sie genaue Beschreibungen von Charaktereigenschaften einer Person.

Fortbewegungsmittel: Einzelne Karten geben Hinweise auf Fahrzeuge.

Auch die genannten Spiritstones gehören dazu. Spiritstones werden im Handel unter dem Namen „Heilsteine" geführt. Den ausgesuchten Spiritstone können Sie sich unter Ihr Kissen legen, als Handschmeichler bei sich führen oder zur Meditation nutzen.

Ebenso können Aussagen zu Körperteilen, Landschaften, Tieren, Heilmitteln und Jahreszeiten getroffen werden.

Eine Sparte führt die zugehörigen Chakra auf. Chakra sollen Energiewirbel im Körper sein, die die Angewohnheit haben, zu verstopfen. Gegenstände und Kommunikationsmittel vervollständigen die Liste. Nicht alle Kategorien finden sich bei den Karten, da z. B. nicht alle einen Zeitfaktor besitzen.

Ein Bild zur zugehörigen Mudra findet sich im Anschluss.

Was sind Mudras?
Eine Mudra ist Yoga für die Hände. Sie dient zur Entspannung, zur Zentrierung.

Wenn Sie gerade nicht wissen, wo genau der Schuh drückt, einfach eine Karte ziehen, nachsehen, welche Mudra hier geeignet sein kann und nachmachen.

Manchmal kommen Ihnen während einer Meditation sicherlich einige Ideen. Und manchmal eben auch die Lösung eines Problems.

Natürlich soll das Legen und Deuten der Karten nur ein Spiel sein. Psychische und physische Probleme gehören immer in die Hände eines Arztes!

Die hier gemachten Angaben dienen alleine der Unterhaltung und Entspannung. Für Schäden, die möglicherweise entstehen können, wird keine Haftung übernommen.

Ich wünsche Ihnen viel Spaß und tolle Erkenntnisse.

Blessed be!
Sandra Küper

Der Reiter

Der Reiter

Der Reiter ist die erste Karte im Deck. Der Reiter steht für Schnelligkeit, Dynamik und Fortschritt. Er bringt immer etwas und ist sehr stürmisch.

Als die Lenormandkarten erstmals in Erscheinung traten, gab es vielerorts nur die Fortbewegung zu Pferde. Entweder man saß in der Kutsche, etwas holprig und langsamer (für die Dame oder auch ältere Menschen) oder eben stolz auf dem edlen Ross (für den jüngeren Herrn). Der Reiter symbolisierte damit eine gewisse Eleganz. Telegramme wurden stets per Kurier auf dem Pferd überbracht, wohingegen die reguläre Post in der Kutsche befördert wurde.

Der Götterbote Hermes wird in dem einen oder anderen Kartendeck angedeutet. Er bringt Nachrichten und neue Informationen, positiv. Karten in der Umgebung mit einem negativen Einfluss werden deutlich abgeschwächt.

Taucht der Reiter in der Auslage auf, so gibt es viel Spontaneität, alles läuft bestens und die eine oder andere Party wird steigen.

Sport kann hier ebenfalls von Bedeutung sein.

Planet	Merkur: Logische Gedanken, wertneutral, Austausch, Wissenschaft, Realismus
Zeitwert	Innerhalb von Minuten oder Stunden, etwas kommt auf einen zu
Person	Jünger als die fragende Person, Sohn, Neffe, jüngerer Geliebter
Fortbewegungsmittel	Kleines Auto, Motorrad
Spiritstone	Citrin
Körperteil	Muskeln, Bewegungsapparat
Landschaft	Ungarn, Österreich
Tier	Großvieh
Chakra	Sonnengeflecht
Skatkarte	Herz 9 – Aufbruch, Start, Erfüllung in der Liebe

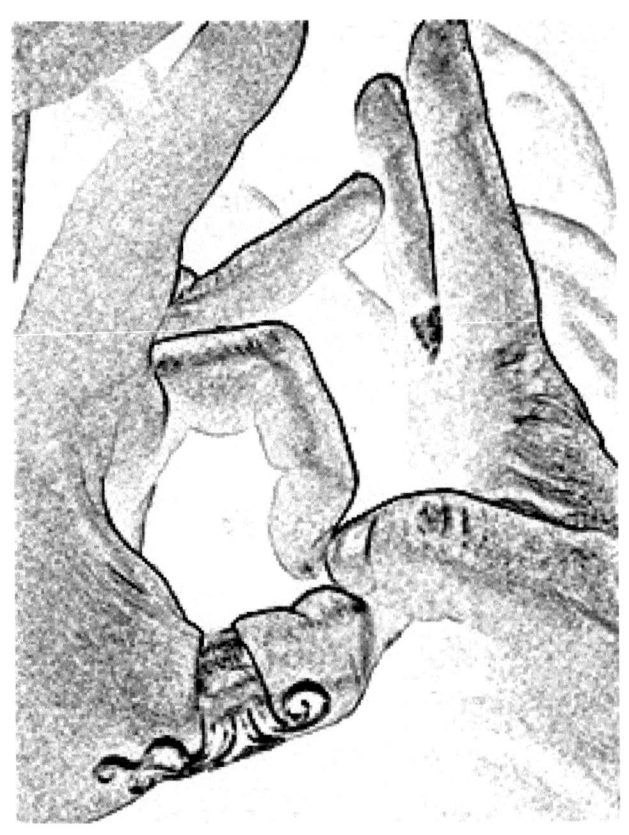

Die Reitermudra

Rechte Hand ausgestreckt. Der Daumen der linken Hand drückt von unten gegen den Daumen der rechten Hand. Der Mittelfinger der linken Hand drückt von oben auf den Daumen.

Der Klee

Der Klee

Der Klee steht für das kleine Glück, etwas Seltenes und Kostbares. Immer kurzfristig und unerwartet, man kann das Glück eben nicht planen.

Der Klee gilt als Futterpflanze und wo es viel Klee gibt, dort gibt es genug zu fressen für alle Tiere. Es lohnt sich also auch auf lange Sicht.

Der Klee im Kartendeck hat ebenfalls eine positive Aura auf die Karten in seiner Nähe.

Das vierblättrige, grüne Kleeblatt war schon bei den Kelten als Glückssymbol bekannt.

Die Farbe grün weckt Vertrauen, wirkt ruhig und friedlich. Sie gilt als konservativ, bodenständig und zuverlässig.

Der Marienkäfer, ebenfalls ein Symbol des Glücks, wird oft dargestellt. Zu Silvester verschenken die Menschen häufiger eine Kleepflanze, um das Glück ins neue Jahr zu bringen.

Sternzeichen	Schütze: Reisen, Gedanken über die Welt, Fernweh
Zahlwert	4
Zeitwert	Vier Tage, immer recht schnell
Spiritstone	Jade
Landschaft	Wiesen, Weiden, Felder
Heilmittel	Bachblüten, Heilpflanzen
Jahreszeit	Sommer
Chakra	Sonnengeflecht
Gegenstand	Alles, was Glück bringt: Kleeblatt, Marienkäfer, Schornsteinfeger als Symbole
Skatkarte	Karo 6 – Vorsicht ist geboten, aufpassen

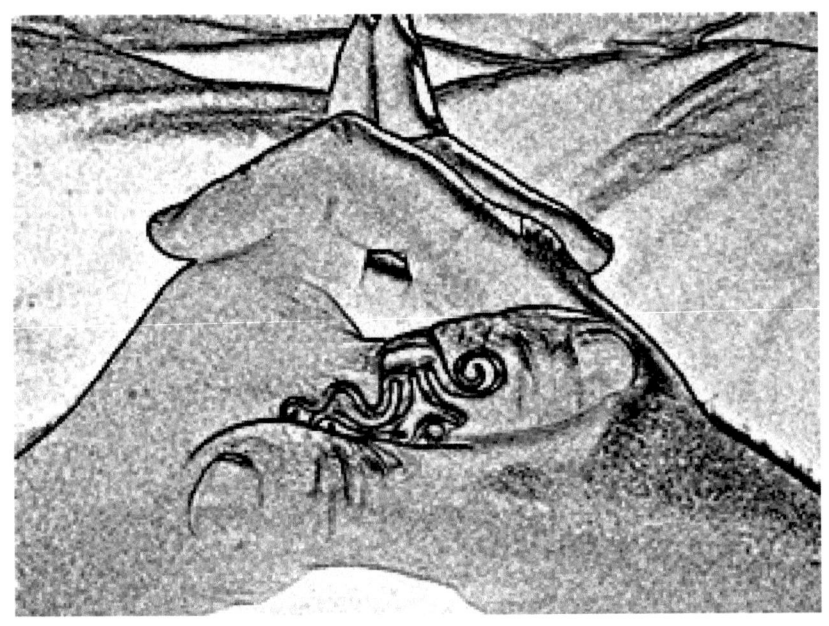

Die Kleemudra

Die Hände werden gefaltet, die Mittelfinger beider Hände werden nach Außen gestellt und aneinander gelegt.

Das Schiff

Das Schiff

Es steht für große Reisen, ferne Länder, langsame und bedächtige Bewegungen. Oft bringt es Neuigkeiten mit.

In früherer Zeit wurden Schiffe oft sehnsüchtig erwartet, da sie sehr lange unterwegs waren, an entlegenen Küsten ankerten und viel Neues mitbrachten.

Im Lenormand bedeutet das Schiff, dass man sich selbst bewegen wird, um ein Ziel zu erreichen. Urlaub und Sehnsucht nach der Ferne sind oft ein Thema. Auch Handel darf hierbei nicht außer Acht gelassen werden.

Schiffe werden häufiger assoziiert mit der Suche nach Gefahr und Abenteuer, Rettung, Freiheit, Kameradschaft und Hoffnung.

Je nach Lage der Karte könnte man diese auf eine Person beziehen, sind aber nicht als Hauptaussage zu deuten.

Haus	9. Haus: Austausch mit dem Außen, extrovertiert
Zeitwert	Eher Wochen und Monate, maximal sechs
Person	Verkäufer/Verkäuferin, Händler/Händlerin, freiheitsliebend, unternehmungsfreudig
Fortbewegungsmittel	Schiff, großes Auto, Lkw
Spiritstone	Fluorit
Landschaft	Meer, See, Fluß
Heilmittel	Seeluft
Chakra	Stirnchakra
Gegenstand	Boote und Schiffe
Skatkarte	Pik 10 – Ferne Welten

Die Schiffsmudra

Die Hände mit den Innenflächen gegeneinander schieben. Der kleine Finger der linken Hand hakt hierbei zwischen Daumen und Zeigefinger der rechten Hand. Der Daumen der linken Hand hakt zwischen Daumen und Zeigefinger der rechten Hand.

Das Haus

Das Haus

Das Haus in der Legung stellt zunächst das eigene Heim dar, wobei es nebensächlich ist, ob man in einer Wohnung oder einem Haus wohnt. Je nach Lage kann aber auch die eigene Gemütsverfassung gemeint sein.

In jedem Fall fühlt man sich hier sicher und geborgen, ähnlich einem Schneckenhaus, was man auch nutzen könnte, um sich zu verkriechen. Es symbolisiert weibliche Anteile in uns.

Einen Hinweis auf den Charakter lässt sich hier ebenfalls finden. Wie fest ist das eigene Fundament?

Den Wunsch, ein eigenes Heim, einen Rückzugsort, zu haben, ist in der Geschichte der Menschheit fest verankert, dient das Haus auch als Prestigeobjekt, als individuell gestaltbarer Raum.

Auch für die eigene Sicherheit sind die bewohnten vier Wände ein wichtiges Thema.

Haus	4. Haus: Identität, Emotionalität
Person	Häuslich, in sich ruhend, Führungspersönlichkeit
Spiritstone	Pyrit
Körperteil	Haut
Tier	Schnecke
Chakra	Halschakra
Gegenstand	Haus, Hütte, Gebäude
Skatkarte	Herz König – Zielführung, Finanzen

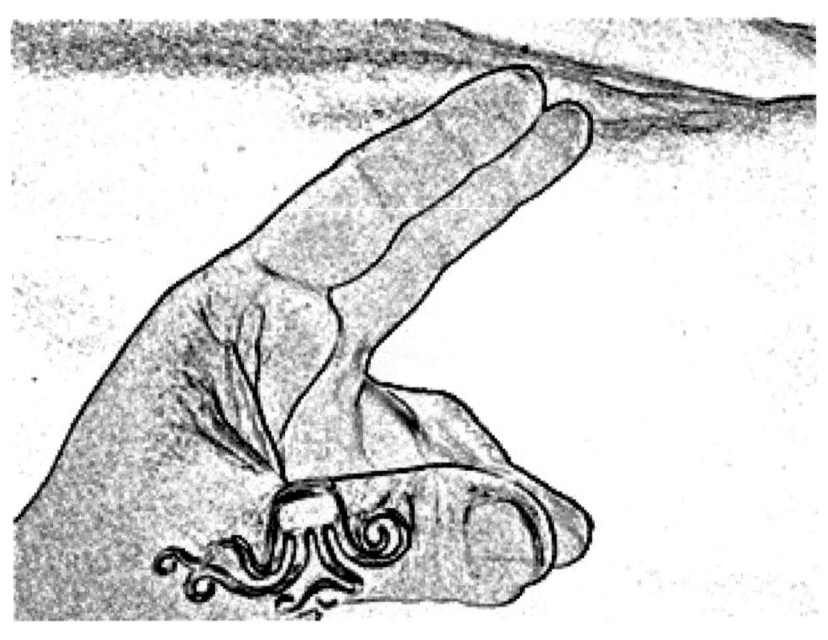

Die Hausmudra
Daumen, Ringfinger und kleiner Finger der rechten Hand werden zusammengelegt.

Der Baum

Der Baum

Bäume haben eine ganz besondere Symbolik. Fest verwurzelt steht er, je nach Jahreszeit, in voller Pracht da. Kaum etwas zeigt das Leben so treffend wie das Bild eines Baumes.

Erst schwere Stürme oder ein Blitzeinschlag bringen ihn natürlich zu Fall. Das kann man wunderbar auf das eigene Leben beziehen.

Nicht umsonst wird oft geraten, sich wie ein Baum zu erden.

Wo möchte ich noch wachsen? Welche Äste in mir sind noch unterentwickelt? Wo brauche ich eine feste Struktur? Fließt all meine Energie? Wo liegen meine Wurzeln?

Auch Fruchtbarkeit steckt im Symbol des Baumes, Familie und Planung. Ebenso kann die eigene Gesundheit hier dargestellt werden.

Sternzeichen	Jungfrau: Suche nach Erdung, Beschäftigung, leichtes Lernen, Drang nach Vollkommenheit
Zeitwert	Lange Dauer, mindestens fünf Jahre
Person	Alter, erfahren, stabil
Fortbewegungsmittel	Unbeweglich, starr
Spiritstone	Chrysokoll
Körperteil	Füße
Heilmittel	Baumheilkunde
Chakra	Halschakra
Gegenstand	Baum
Skatkarte	Herz 7 – Untreue, Lüge

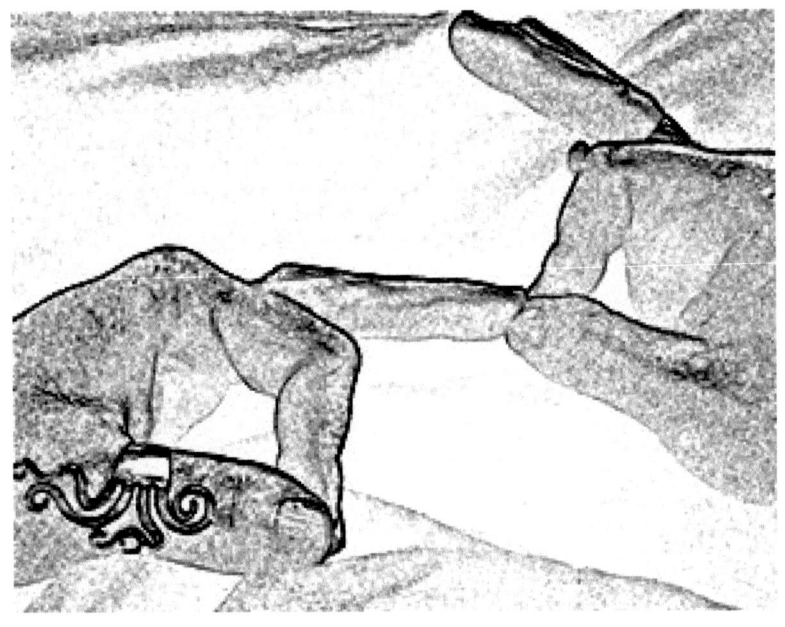

Die Baummudra

Daumen und Zeigefinger der linken und rechten Hand bilden einen Kreis. Der Mittelfinger der linken Hand stellt eine Verbindung zum Kreis der rechten Hand her.

Die Wolken

Die Wolken

Sie kündigen die Unklarheiten im eigenen Leben an. Meist kurzzeitig, aber sie sind da und bedeuten immer Arbeit. Ob nun an sich selbst oder an einer Situation, zeigen umliegende Karten.

Oft versteckt sich hier neben der Verwirrung der eigene Glaube, der unbewusst wirkt. Glaubensmuster, die das Selbstvertrauen am Wachstum hindern.

Auch Rückschläge sind hier zu erwarten. Schön dabei ist, dass es nach dem Dunkel auch wieder heller wird und sie verziehen sich dann schnell.

Wolken stehen manchmal auch für Depressionen und die Schatten in der eigenen Seele. Traumdeutung kann ebenfalls eine Rolle spielen.

Wo kann ich wachsen? Was sehe ich nicht?

Planet	Neptun: Mystik, Täuschung, Unwägbarkeit
Zeitwert	Zügig
Person	Depressiv, grüblerisch, wankelmütig, dunkle Haare und Augen
Fortbewegungsmittel	Flugzeug
Spiritstone	Rauchquarz
Körperteil	Atemorgane
Tier	Drachen
Heilmittel	Aromatherapie
Jahreszeit	Herbst
Chakra	Sakralchakra
Gegenstand	Wolken, Gewitter, Dampf, Chemie
Skatkarte	Kreuz König – Freund, Tradition

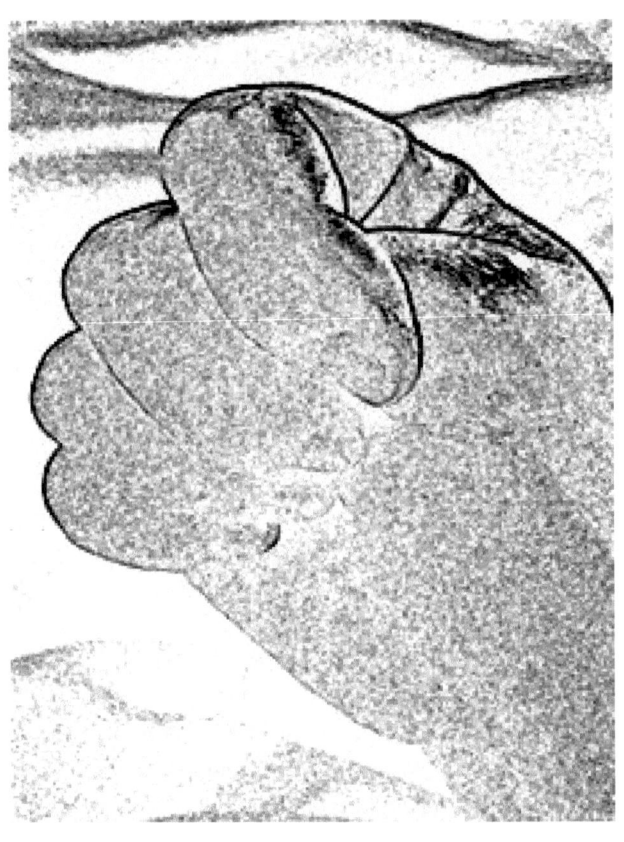

Die Wolkenmudra

Die rechte Hand bildet eine Faust, wobei der Daumen sich im Inneren „versteckt".

Die Schlange

Die Schlange

Weibliche Raffinesse, Umwege, Verwicklungen, all das kann die Schlange im Blatt darstellen.

Energie und Kundalini, Medizin und Hilfe werden hier geboten. Allerdings versteckt sich das
hinter den giftigen Zähnen, die blitzschnell zupacken können.

Geheimnisvoll und manchmal von grausamer Schönheit gezeichnet, kann sich hier auch eine weibliche Person, meist älter, verstecken. Die Schlange gibt so schnell ihr Geheimnis nicht preis, sie windet sich aus der Verantwortung heraus.

Man bewundert sie, lässt sich von ihr inspirieren, aber Nähe wird hier nicht gestattet. Auch wenn sie kein Rückrat besitzt, das scheint nur so, denn ihre Muskeln machen das wett. Und zum Schlängeln und Verkriechen sind fehlende Knochen und Extremitäten geradezu ideal.

Schlangenfrauen sind spirituell, sexy und sie wissen, was sie wollen. Mit ihnen muss man immer rechnen! Sexualität spielt in der Umgebung der Schlange immer eine große Rolle.

Sternzeichen	Skorpion: Gerade heraus, verletzend, schützend, einnehmend
Zeitwert	Auf Umwegen
Person	Frau, älter, Geliebte, Mutter, Vollweib
Spiritstone	Jaspis
Körperteil	Darm
Landschaft	Kurvig, Serpentinen
Tier	Schlange
Heilmittel	Reiki
Chakra	Wurzelchakra
Gegenstand	Kabel, Leitungen, Straßen
Skatkarte	Kreuz Dame – Chefin, Mutter

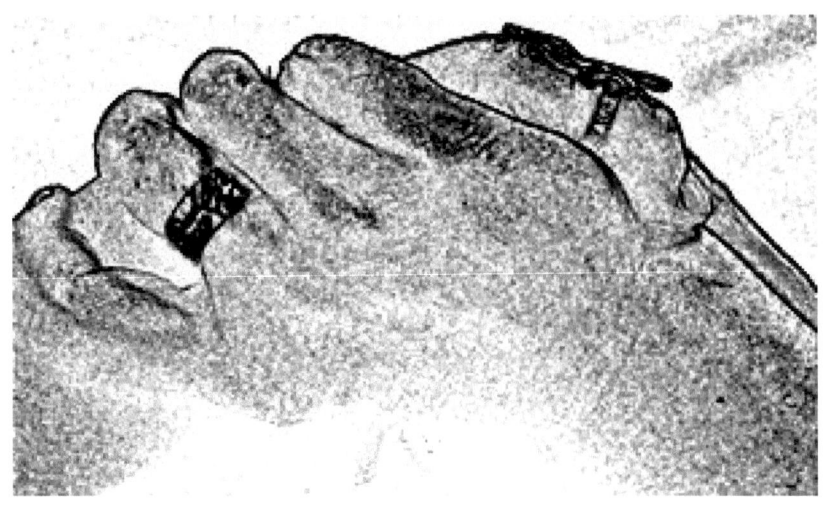

Die Schlangenmudra

Die rechte Hand umschlingt das linke Handgelenk, die linke Hand das rechte Gelenk.

Der Sarg

Der Sarg

Ähnlich dem Tod im Tarot macht diese Karte vielen Menschen Angst. Das ist unnötig, da der Sarg für einen Neubeginn steht. Natürlich muss dafür zunächst etwas Altes sterben. In den meisten Fällen ist man froh, eine Bürde los zu werden.

Häufig soll hier die Vergangenheit begraben werden. Auch die Auseinandersetzungen mit Verlust und Erneuerung sind ein Thema.

Der Sarg ist das Symbol der Erlösung und der Krankheit.

Welche Beziehungen sind krank? Was passt nicht mehr zu mir? Welche Krankheit habe ich in mir?

Der Sarg bedeutet immer auch eine Auseinandersetzung mit dem Selbst.

Haus	8. Haus: Keine Halbheiten mehr, verbindlich, Entscheidung
Zeitwert	Plötzlich, für die Ewigkeit
Person	Abwartend, trauernd, erleichtert
Fortbewegungsmittel	Stillstand
Spiritstone	Onyx
Landschaft	Öde
Jahreszeit	Winter
Chakra	Nabelchakra
Gegenstand	Sarg, Beerdigung
Skatkarte	Karo 9 – Finanzielle Vorteile, Macht

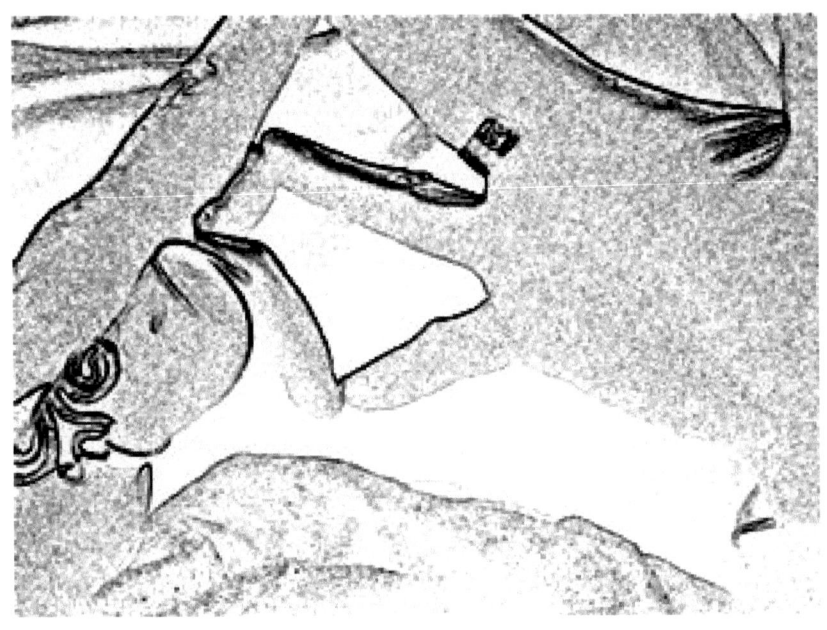

Die Sargmudra

Der kleine Finger der rechten Hand berührt den Ringfinger an der Spitze der linken Hand. Der Ringfinger der rechten Hand berührt den kleinen Finger der linken Hand. Der Zeigefinger der rechten Hand berührt den Mittelfinger der linken Hand. Der Mittelfinger der rechten Hand berührt den Zeigefinger der linken Hand.

Die Blumen

43

Die Blumen

Leicht und beschwingt kommen die Blumen daher. Freundschaft, junge Mädchen, Flirt und Karneval sind hier die Themen.

Blumen sind ein Geschenk des Lebens an uns, eine Anerkennung für eine Leistung, die wir erbracht haben und auf die wir stolz sein dürfen. Fragestellung hierbei: Was bringt mich zum Erblühen?

Sexualität ist hier keinesfalls zu suchen, die Blumen wirken zu rein und unschuldig.

Das innere Kind darf ebenfalls eine Rolle spielen.

Kreativität und eigene Hobbies dürfen nicht fehlen, spielen sie doch eine wichtige Rolle beim Wohlfühlen.

Planet	Jupiter: Optimismus und Wachstum
Zeitwert	Karneval
Person	Junges Mädchen, Freundin, Tochter, Nichte, Teenager
Spiritstone	Türkis
Landschaft	Wiese, Garten
Tier	Schmetterling
Heilmittel	Tee
Jahreszeit	Frühling
Chakra	Halschakra
Gegenstand	Blumenstrauß, Allergie
Skatkarte	Pik Dame – Intelligenz, ledige Frau

Die Blumenmudra

Der Zeigefinger der linken Hand wird gekrümmt. Der Daumen berührt den Mittelfinger an der Fingerkuppe.

Die Sense

Die Sense

Plötzlich und unerwartet tritt die Sense in Aktion. Passt man nicht auf, so verletzt man sich. Rasend schnell wird hier mit Fleiß gearbeitet, um die Ernte einzufahren. Vorsicht ist geboten, man darf nicht übereifrig sein, die Sense ist sehr scharf.

Sensen machen einen sauberen Schnitt, lässt sich zwar flicken, lohnt aber meistens nicht die Mühe.

Unwichtige Dinge oder Überzeugungen sollten der Sense zum Opfer fallen. Verletzungen spielen eine große Rolle.

Die Sense als Werkzeug hat eine lange Tradition. Um mit ihr richtig arbeiten zu können, musste sie zunächst geschärft werden. Steht ein Gegner mit einer Sense in Konfrontation, so ist äußerste Vorsicht geboten, denn dieser Mensch will verletzen.

Hier muss ich, gezwungenermaßen, loslassen. Darum kommt niemand herum.

Planet	Chiron: Hingabe, Heilung, Ernte
Zeitwert	Sofort, plötzlich
Person	Verletzend, Chirurg
Fortbewegungsmittel	Jet
Spiritstone	Schörl
Körperteil	Knochen: Bruch, Amputation
Chakra	Wurzelchakra
Gegenstand	Erntewerkzeug, Operationen
Jahreszeit	Spätsommer
Skatkarte	Karo Bube – Glückskind, Verhandlungen

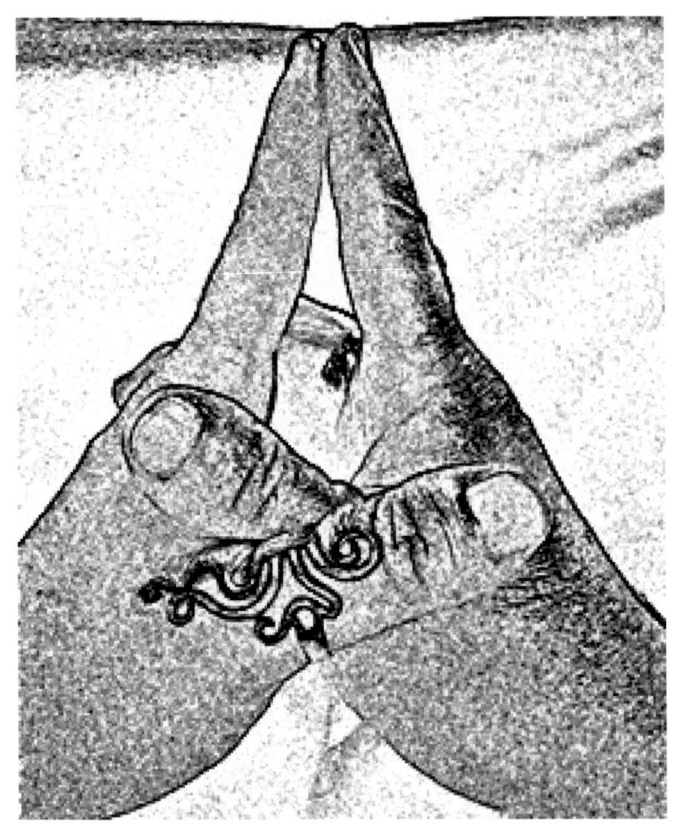

Die Sensenmudra

Die Hände werden gefaltet. Die Daumen überkreuzen sich dabei. Zeigefinger und kleine Finger werden gestreckt und an den Spitzen zusammengelegt.

Die Ruten

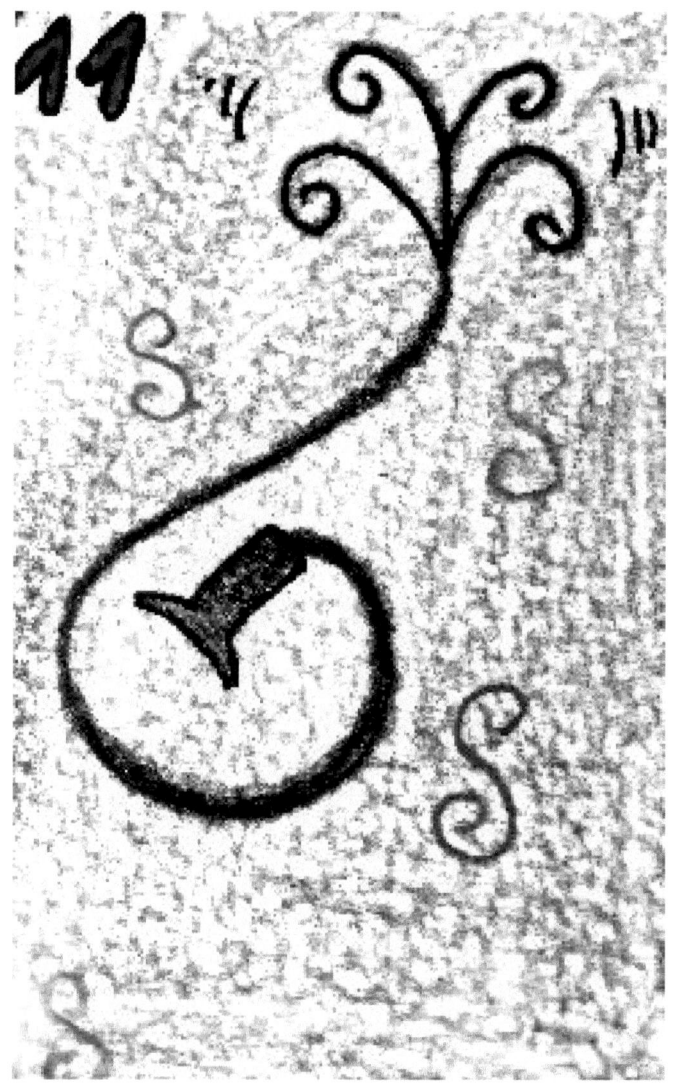

Die Ruten

Wo bei der Sense andere Menschen verantwortlich für Verletzungen sein können, hier bin ich es selbst.

Hier wird gegeißelt, was das Zeug hält, was die eigene Haut hergibt. Nichts ist so unnötig wie das! Und trotzdem lassen wir uns unseren Wert verkleinern, bis wir fast nicht mehr da sind.

Wir strafen uns selbst ab, für reale oder eingebildete Verfehlungen. Das muss nicht sein! Sich selbst gegenüber ist man kleinlich. Wahrscheinlich strahlt man dieses auch aus.

Einige Christen geißelten sich früher, um Gott näher zu sein. Heute ist Autoaggression ein Krankheitsbild, was der Realität eher entspricht.

Die andere Seite der Rute ist der Zweifel an etwas, was einem nicht ganz geheuer erscheint.

Seine Intuition sollte man unbedingt Glauben schenken, das ist wichtig.

Planet	Lilith*: Kraft, Entmystifizierung
Zahlwert	Zwei
Zeitwert	Unerwartet
Person	Unsicher, quälend, kleine Statur
Spiritstone	Schneeflockenobsidian
Körperteil	Selbst
Heilmittel	Psychotherapie
Chakra	Stirnchakra
Gegenstand	Ruten, Schlagwerkzeuge
Skatkarte	Kreuz Bube – Ausländer, juristisches

*Kein Planet, Schnittstelle aus Erd- und Mondbahn

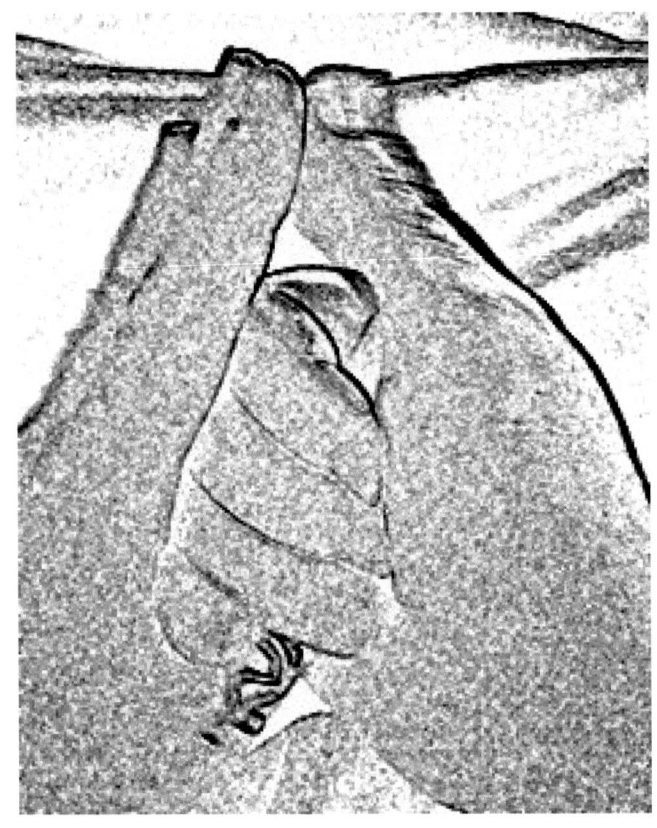

Die Rutenmudra

Die rechte Hand umschließt den Daumen der linken Hand. Der Daumen der rechten Hand wird gestreckt und berührt den Mittelfinger der linken Hand.

Die Eulen (Vögel)

Die Eulen (oder Vögel)

Die Vögel kennzeichnen sich durch Nervosität aus. Manchmal etwas ängstlich und immer auf dem Sprung, falls Gefahr droht. Kommunikativ immer auf der Höhe, schon fast lästerlich.

Eulen sind eher nachtaktiv, was dem heimlichen Mobbing entspricht.

Auch Weisheit, Kommunikation, Beutezug, altes Wissen, Mystik und Magie sind hier angesprochen.

Ganz nach Gehör wird gejagt, sich orientiert.

Tiefe Weisheit aus dem weiblichen Teil der Seele mag ebenfalls das Thema sein.

Im Medizinrad stehen die Eulen für fernöstliche Heilmethoden. Auch Hexen sind oft Begleiterinnen dieser Tiere.

Erwecke die eigene Magie!

Planet	Uranus: Schöpferkraft, Intelligenz, niemals dem Mainstream folgend
Zahlwert	Zwei
Zeitwert	Innerhalb von Stunden
Person	Älter, meist ein Paar, Senioren
Fortbewegungsmittel	Flugzeug
Spiritstone	Rutilquarz
Körperteil	Nerven
Tier	Vögel
Chakra	Halschakra
Gegenstand	Telefon, Smartphone, Handy > Telekommunikation
Kommunikation	SMS, Gespräch
Skatkarte	Karo 7 – Veränderung, Unruhe

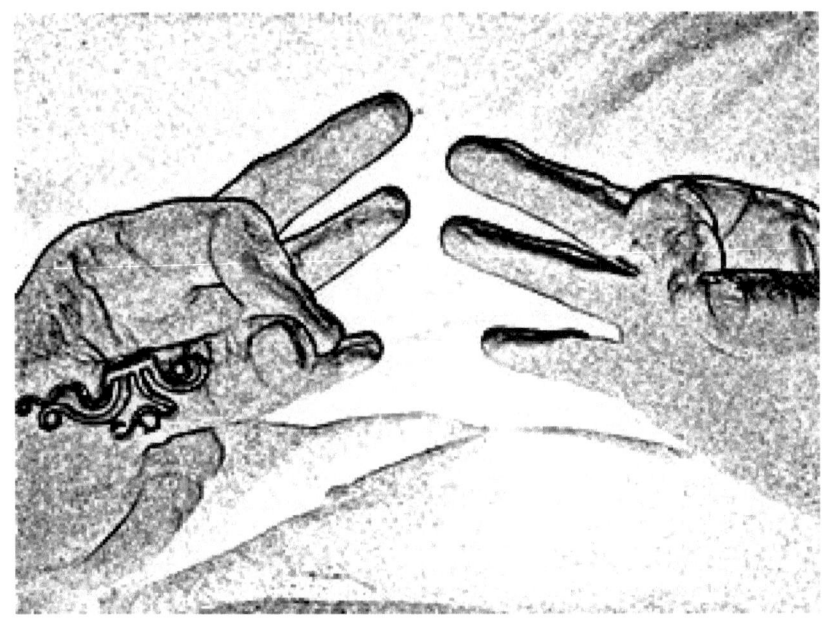

Die Vogelmudra

Daumen und Zeigefinger der jeweils rechten und linken Hand bilden Kreise. Die restlichen Finger sind leicht gestreckt.

Das Kind

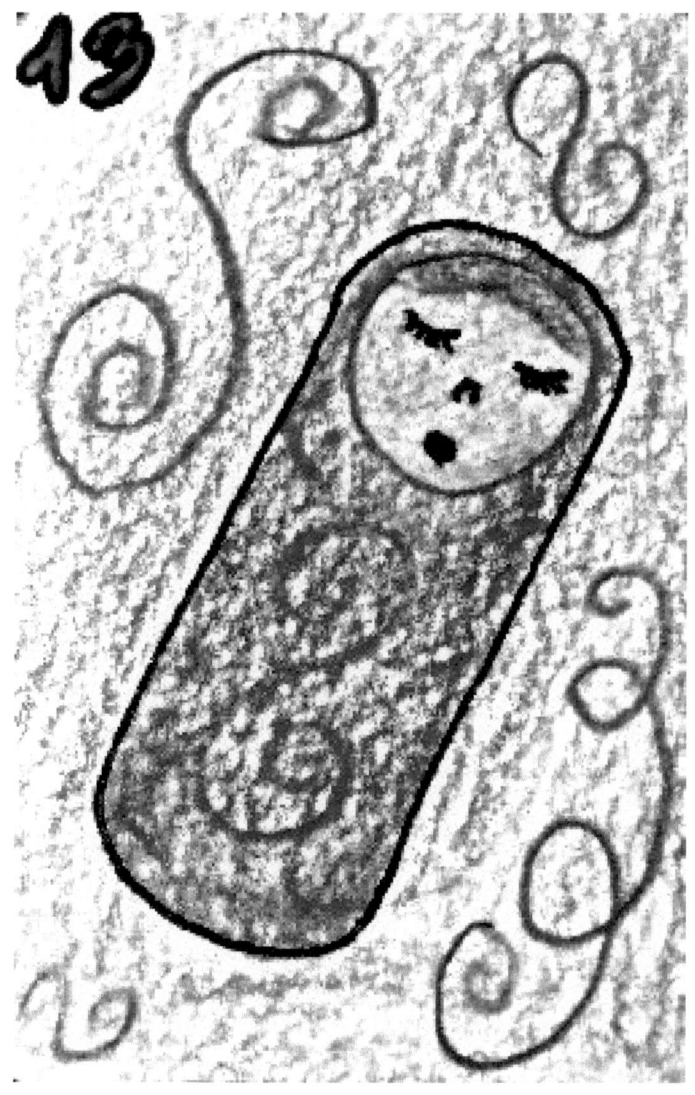

Das Kind

Kinder sind ein Segen! Hier mag die eigene Kindheit das Thema sein. Aber auch der Nachwuchs ist hier gemeint.

Vorsicht vor der eigenen Unmündigkeit, unreifen Konflikten oder kindischem Verhalten. Hier spiegelt sich deutlich ein Konflikt mit dem eigenen, inneren Kind wider.

Auch eigene Zukunftsgedanken finden sich hier wieder, denn das Kind in einer Legung steht für einen neuen Anfang. Ganz ohne Verluste, wie der Sarg das andeutet.

Unbefangenheit und Verspieltheit werden deutlich, wenn diese bisher vernachlässigt wurden. Unschuld darf hier nicht vergessen werden!

Wie kann ich mein inneres Kind retten?

Haus	5. Haus: Manifestierung, Zeugungskraft, Vater
Person	Kleinkind, Baby, inneres Kind, naiv, unreif
Spiritstone	Andenopal
Landschaft	Neubaugebiet, Italien
Tier	Jungtier
Heilmittel	Therapeutisches Modell des inneren Kindes
Jahreszeit	Frühling
Chakra	Wurzelchakra
Gegenstand	Spielzeug
Kommunikation	Nonverbal
Skatkarte	Pik Bube – Vorsicht, Sehnsucht nach eigenem Kind

Die Wiegenmudra

Die Hände zu Fäusten ballen. Die Zeigefinger und Daumen jeweils aneinander pressen. Die Knöchel der übrigen Finger berühren sich.

Der Fuchs

Der Fuchs

Mit Vorsicht, Raffinesse und Mut kommt der Fuchs ins Kartenblatt. Doch anders als die Schlange ist dieser weniger mystisch. Hier geht es eher um die „Bauernschläue".

Klugheit und Vertrauen sind oft das Thema, wenn der Fuchs sich zeigt. Auch die Lüge darf man nicht unterschätzen.

Der Fuchs ist ein Überlebenskünstler, was sonst keine der anderen Karten anzeigt. Intuition und andere Aspekte der bisher ausgelebten Spiritualität sind ein Zeichen des Fuchses.

Tritt ein Freund in dieser Gestalt auf, so ist dieser auf den eigenen Vorteil bedacht. Als eigenständige Person ist der Fuchs verschlagen und hinterlistig, klaut gerne mal fremde Ideen, um diese für sich zu nutzen.

Wo bin ich nicht ehrlich?
Warum bin ich nicht ehrlich?

Planet	Pluto: Maske, Fleiß, Emanzipation
Person	Schlank, rote Haare, Lügner, verschlagen
Spiritstone	Mookait
Körperteil	Haare
Tier	Fuchs, Kojote
Chakra	Wurzelchakra
Gegenstand	Filmindustrie
Kommunikation	Lügen, Schein
Skatkarte	Kreuz 9 – finanziell unsicher

Die Fuchsmudra

Der Mittelfinger der linken Hand wird in die Handfläche geknickt.
Der Daumen wird darüber gelegt.

Der Bär

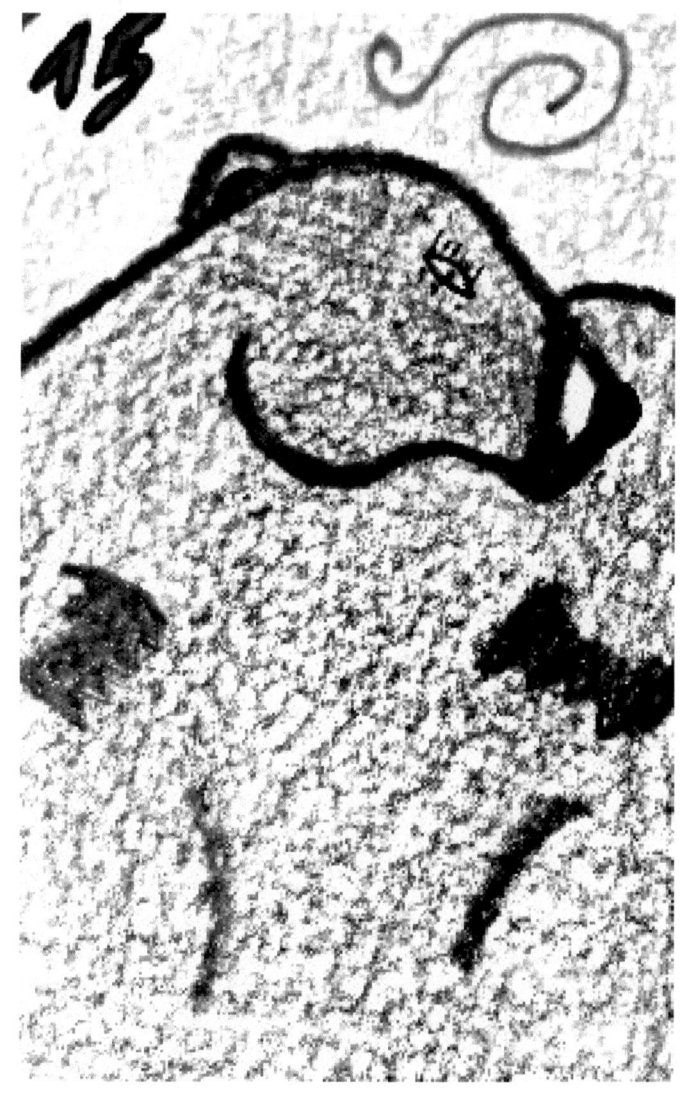

Der Bär

Gutmütig, behäbig, müde, gemütlich und tapsig setzt sich der Bär ins Kartenbild. Doch wehe, er wird gereizt. Dann geht er hoch, greift an, beschützt, verteidigt.

Als König der Wälder ist er oft Besitz ergreifend und eifersüchtig. Was er einmal in seinen Pranken hält, er gibt es nicht freiwillig her.

Im Märchen ist der Bär der verzauberte Prinz, im realen Leben bleibt er der Bär. Auch wenn die Frau noch so sehr auf Veränderung hofft, der Bär bleibt eifersüchtig und wehrhaft, geradezu aggressiv.

Das eigene Selbstvertrauen, wenn es stark und solide ist, wird hier oft in den Karten dargestellt.

Ist die Liebe bedrohlich?

Haus	1. Haus: Geburt, Instinkt, Ego
Zeitwert	Langsam
Person	Älterer Mann, korpulent, Großvater, Chef
Fortbewegungsmittel	Limousine
Spiritstone	Sonnenstein
Körperteil	Muskeln
Tier	Bär
Chakra	Scheitelchakra
Skatkarte	Kreuz 10 – Schicksalsrad, Erbe, Erfolg

Die Bärenmudra

Der Zeigefinger der linken Hand wird zur Handinnenfläche geknickt. Der Daumen legt sich darüber. Die restlichen Finger werden ausgestreckt.

Die Sterne

Die Sterne

Nicht antastbar wie der Glaube eines Menschen, unfassbar wie Spiritualität, so sind sie, die Sterne. Die Quelle von Licht und Helligkeit in der Nacht.

Wo braucht man mehr Licht in seinem Leben?

Sterne symbolisieren auch den Wunsch nach Führung, nach Wissen und Rat. Manchmal scheinen sie ganz nah und doch, wenn man nach ihnen greift, sind sie weg.

Es lohnt sich immer, nach den Sternen zu greifen. Das ist die Essenz von Wissenschaft und Forschung.

Oft von anderen Menschen belächelt, ist es doch nur der Neid, der sie in ihrer Stellung verharren lässt. Oberflächlich betrachtet. Gräbt man tiefer, so blickt man der Unsicherheit direkt ins Gesicht.

Sternzeichen	Wassermann: Forscher, Entdecker, Analyse
Zahlwert	Unendlich
Zeitwert	Unendlich
Person	klar denkender Mensch, spirituell, groß gewachsen, gerade Haltung
Fortbewegungsmittel	Schlitten
Spiritstone	Bergkristall
Körperteil	Gehirn
Landschaft	Gletscher, Grönland, Nordpol
Jahreszeit	Winter
Chakra	Scheitelchakra
Gegenstand	Stern
Kommunikation	Satellit
Tageszeit	früher Abend
Skatkarte	Herz 6 – Eingebung, Intuition

Die Sternenmudra

Daumen und Ringfinger der linken Hand treffen sich an den Spitzen. Die restlichen Finger sind gestreckt.

Die Störche

Die Störche

Freunde mit Federn, sie bringen die Veränderungen.
Kinderwunsch oder die Reflexion der eigenen Kindheit hat er im Gepäck. Die Veränderungen sind selten klein.

Geistige Tiefe und der eigene Wille sind zentrales Thema bei dieser Karte. Auch seelische Ausgeglichenheit bringt der Storch.

Gemeinschaft und Zusammenhalt wollen beachtet werden, der Storch lässt sich auf dem Schornstein des Hauses nieder und soll Glück bringen. Je größer die Gemeinschaft, umso besser.

Ein Storch wartet übrigens nicht ewig auf seine Partnerin!
Irgendwann sucht er sich eine neue Frau.

Und Vorsicht:
Ignoriert man ihn, dann verändert sich das Leben von Außen.
Und das muss man dann ertragen.

Wo will ich mich verändern?
Was kann ich leicht verändert und wo gibt es Schwierigkeiten?

Sternzeichen	Widder: willensstark, veränderlich, kraftvoll
Person	Veränderungswillig, schlanke Person, charmant, flexibel, launisch
Spiritstone	Karneol
Tier	Storch, große Vögel
Chakra	Sakralchakra
Gegenstand	Wiege
Skatkarte	Herz Dame – warmherzig, Freundin

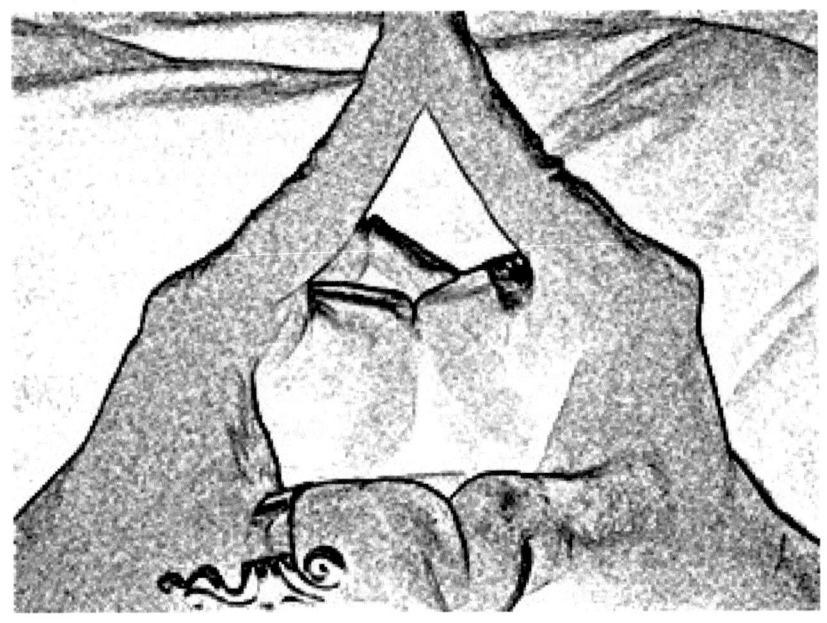

Die Storchenmudra

Die Hände werden zu Fäusten geballt. Daumen, Zeigefinger und kleiner Finger bleiben gestreckt, treffen sich an den Fingerspitzen.

Der Hund

Der Hund

Der beste Freund des Menschen. Treu ergeben und immer da! Bedingungslose Liebe, Vertrauen und Loyalität, der Beschützer und Wächter. Zeit, sich selbst die Frage zu stellen, ob man ein guter Freund ist, oder fähig, bedingungslos zu lieben.

Als Nachfahre des Wolfes ist der Hund ein typisches Rudeltier, braucht dringend Anschluss.

Der Hund kann auch aggressiv über seinen Besitz wachen, was jedoch eher die
Ausnahme darstellt, hier aber nicht unerwähnt bleiben soll.

Der Hund hat eher männliche Qualitäten.

Man könnte meinen, wer ihn zum Freund hat, ist glücklich. Allerdings ist die vollkommene Ergebenheit nur kurz das Höchste der Freude. Hier findet keine Differenzierung statt und alles wird gut geheißen. Das ist nicht nützlich, wenn man einen Rat benötigt, der ehrlicherweise auch die Schattenseiten eines Menschen einbeziehen soll.

Wo kann ich mir selbst treu sein?

Haus	11. Haus: Idealismus, Profilierung, Gesellschaft
Person	Treu ergeben, Freund, männlich, große Rehaugen, solide
Spiritstone	Lapislazuli
Tier	Hund, Wolf
Chakra	Stirnchakra
Kommunikation	Brieffreundschaft
Skatkarte	Herz 10 – Rettung, Zukunft

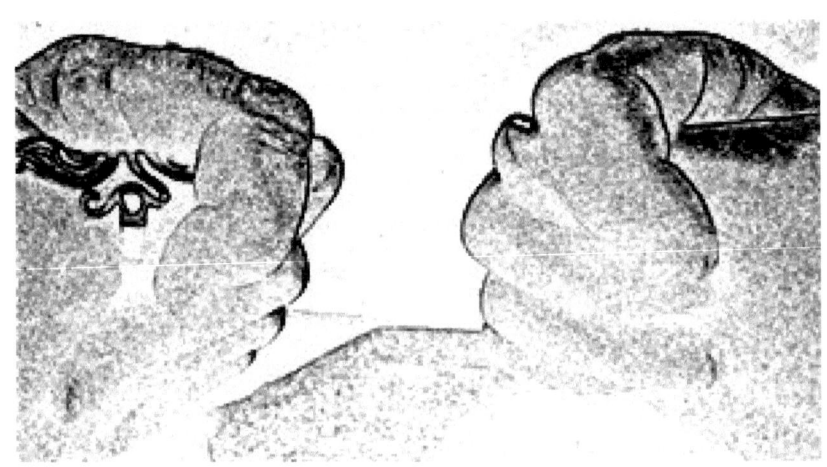

Die Hundemudra

Die Daumen beider Hände werden zwischen Zeige- und Mittelfinger geschoben, die Hände zur Faust geballt.

Der Turm

Der Turm

Er hat gleich zwei Funktionen: Er schützt den Bewohner und er schützt die Umwelt vor dem Bewohner.

Enger als eine Burg, schafft er eine schützende Hülle um seinen Bewohner.

Der Turm steht für Eigenständigkeit, das Ego. Es kommt eben immer darauf an, wie das Fundament beschaffen ist. Bei solider Bauweise kann das schon mal einen schlimmen Egomanen hervor bringen.

Zum anderen steht der Turm auch für den aufstrebenden Menschen, der sich seiner sicher ist. Der Macher also!

Ob der Macher allerdings durch die dicken Mauern hindurch sein Gefühl wahrnehmen kann? Da wird es schwierig. Wenn der Schutzmechanismus behindert, dann spürt man sich selbst nicht mehr und macht unter Umständen der Einsamkeit zuviel Platz.

Dem Turm kann man sowohl männliche wie auch weibliche Qualitäten zuordnen.

Auch eine berufliche Selbstständigkeit mit vielen Lernaufgaben zeigt der Turm an.

Planet	Saturn: Konsequenz, gegen jeden Widerstand, Ordnung
Zahlwert	Eins
Zeitwert	Wird selbst festgelegt
Person	Egoist, selbstständig, Vorgesetzter, trennungswillig
Spiritstone	Regenbogenobsidian
Körperteil	Knochen, Skelett
Chakra	Wurzelchakra
Gegenstand	Steine
Kommunikation	Keine Kommunikation möglich oder erschwert
Skatkarte	Pik 6 – Widerstand, Geduld wahren

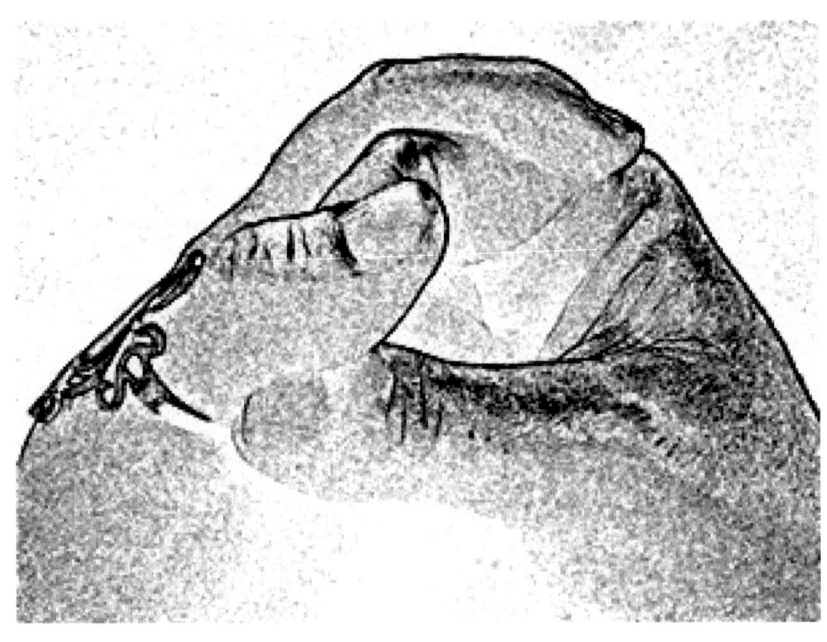

Die Turmmudra

Die rechte Hand wird zur Faust geballt. Die linke Hand umschließt diese.

Der Park

Der Park

Öffentlichkeit symbolisiert diese Karte. Sich nach außen zeigen, sich öffnen. Das Ganze findet kontrolliert statt, der Park will schließlich gepflegt sein.

Und hier haben wir die Maske. Manchmal fällt diese plötzlich zu Boden und der Mensch weiß gar nicht, wohin. Oft bleibt nur die Flucht.

Geselligkeit und Spaß können hier ebenso gut gemeint sein. Jedenfalls ist es immer ein nach Außen wollen.

Gesellschaftliche Anerkennung und berufliche Ziele will wohl jeder erreichen, was absolut legitim ist.

Haus	10. Haus: Norm, Zeitgeist, Kontinuität
Person	Exhibitionist, Marketingbranche, kreativ, Lebenskünstler
Spiritstone	Malachit
Körperteil	Stimmbänder
Landschaft	Gepflegt, Grossstadt
Chakra	Nabelchakra
Kommunikation	Coming out, Familientreffen, Theater
Skatkarte	Pik 8 – Erfolg, unflexibel

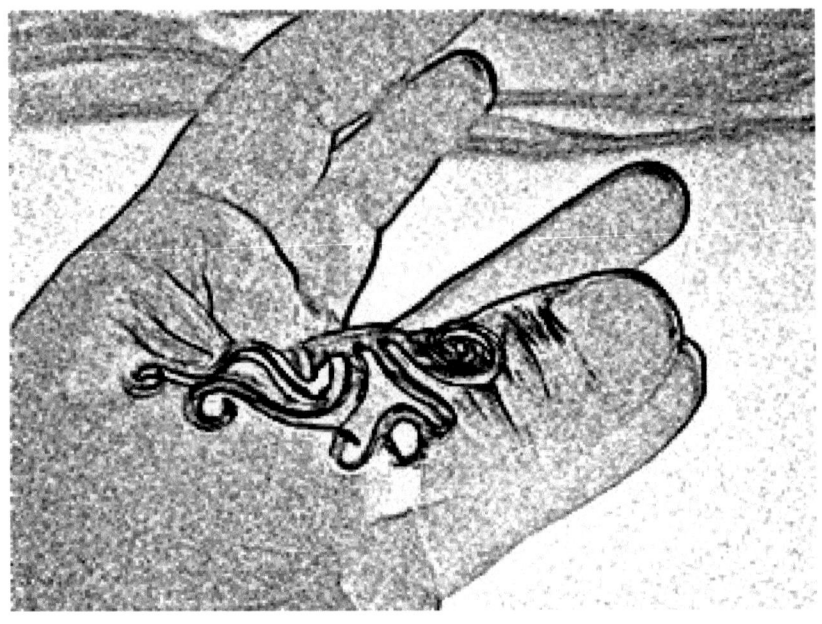

Die Parkmudra

Daumen und kleiner Finger der linken Hand berühren sich an den Fingerkuppen. Die restlichen Finger sind leicht gestreckt.

Der Berg

Der Berg

Blockaden, Anstrengungen, Misserfolge! So sieht es aus, wenn der Berg erscheint. Aber keine Angst, er lässt sich überwinden, wenn auch langsam und mit viel Kraftaufwand.

Das Gute dabei ist, man lernt sich dabei wirklich gut selbst kennen.

Gefahr von Außen kann drohen, wenn der Berg auftaucht. Seien Sie diplomatisch, da hier die Brechstange nicht angebracht ist.

Vielleicht ist so eine Blockade nicht das Schlechteste, es entschleunigt ein wenig unser Leben im Schnelligkeitswahn.

Was bin ich bereit zu tun, um Erfolg zu haben? Wo liegen meine Grenzen?

Sternzeichen	Steinbock: Pflicht, streben, Standhaftigkeit
Zeitwert	Entscheidet man selbst, im Augenblick passiert hier nichts
Person	Blockiert, stark, zielstrebig
Spiritstone	Labradorit
Landschaft	Gebirge, Schweiz
Chakra	Herzchakra
Gegenstand	Stein
Skatkarte	Kreuz 8 – Kurze Leidenschaft, alles ist schwer

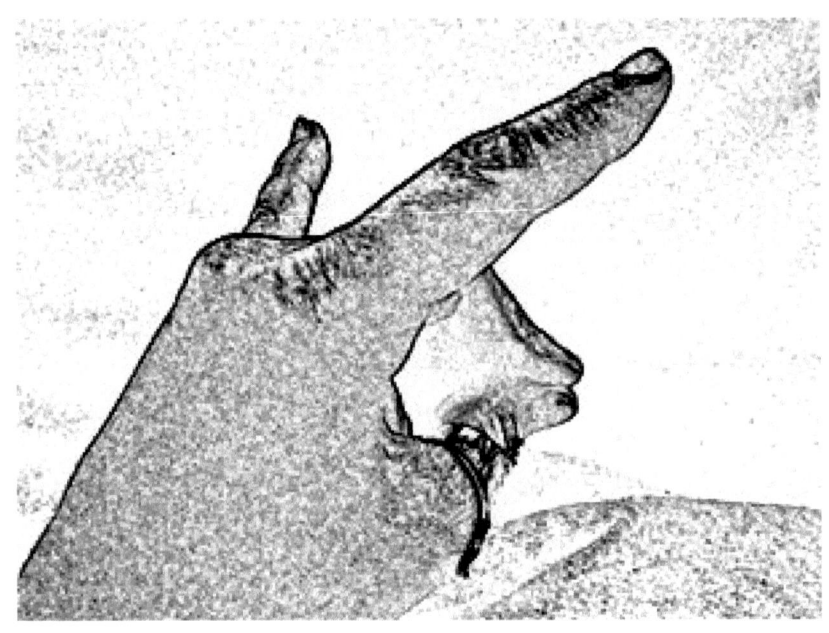

Die Bergmudra

Daumen, Zeige- und Ringfinger treffen sich an den Kuppen.
Kleiner Finger und Zeigefinger bleiben gestreckt.

Die Wege

Die Wege

Entscheidungen fordert diese Karte. Welchen Weg soll man gehen? Kann man sich aussuchen, was genehm ist? Ja!

Hier fragt man, was man erreichen will. Was ist die Zielsetzung? Vielleicht findet man hier auch spirituell einen neuen Weg.

Wege kann man begehen, man kann umkehren, neue Wege entdecken, die Chancen darin sind riesig. Sich bewegen, das kann man nur selbst tun.

Wichtig ist: Ich entscheide mich!

Doch hier ist Sorgfalt gefragt. Vorschnelle Entschlüsse bereut man schnell. Man geht unter Umständen Kompromisse ein, die man nicht eingehen will.

Sternzeichen	Waage: schwankend, unentschlossen, zielstrebig
Person	Entscheidungsfreudig, arbeitet hart, unabhängig, Rätsellöser
Spiritstone	Granat
Körperteil	Blutbahn, Lymphe
Chakra	Nabelchakra
Kommunikation	Leitung, Kabel
Skatkarte	Karo Dame – Geschäftsfrau, Förderin

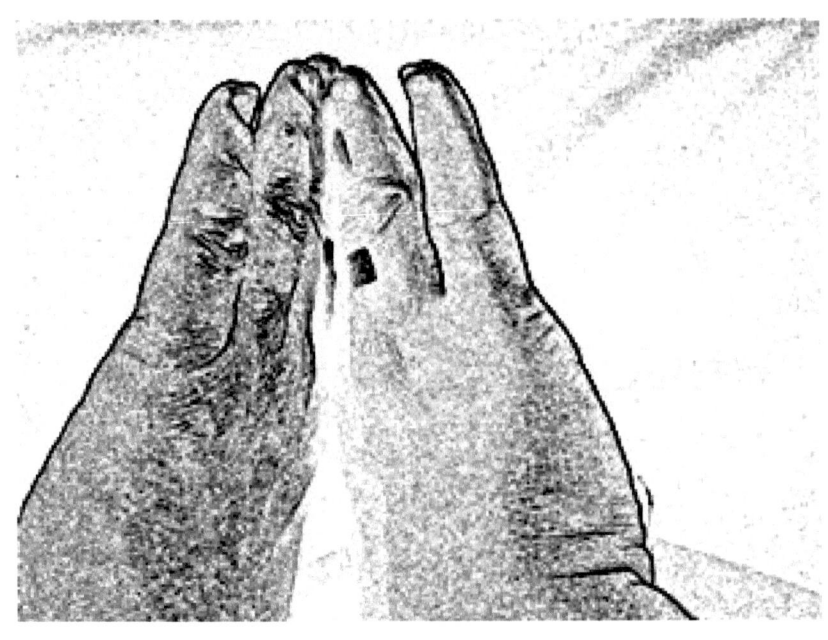

Die Wegmudra

Die Hände sind gestreckt und werden mit dem Handrücken aneinander gelegt.

Die Mäuse

Die Mäuse

Kleine Probleme oder Verluste, Schüchternheit, kleine Gewinne, hier kommt die Maus. Alles, was im Zeichen der Maus steht, ist klein. Da es hier im Überfluss gibt, kann man einen kleinen Verlust durchaus verschmerzen.

Denn da, wo Mäuse sind, gibt es reichlich Futter.

Das Unscheinbare hat die Macht. Verlustängste sind meist größer als ein tatsächlicher Verlust.

Mäuse können großen Schaden anrichten, wenn man sie nicht beachtet.

Intrigen und Selbstbetrug sind häufiger die Begleiter der Mäuse.

Wo sollte ich aufpassen? Was kann ich besser kontrollieren?

Haus	2. Haus: Schutz, Wärme, Geborgenheit
Person	„Graues Mäuschen", geringer Selbstwert, unscheinbar, unterschätzt, Feigling, Schmarotzer
Spiritstone	Achat
Tier	Nagetiere, kleine Tiere
Chakra	Nabelchakra
Skatkarte	Kreuz 7 – Wende zum Besseren, Eifersucht

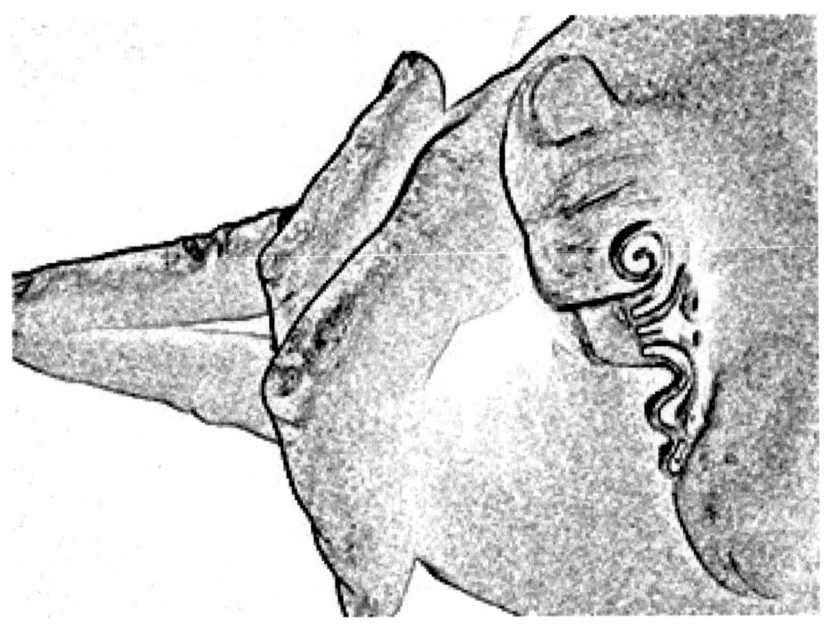

Die Mäusemudra

Die Hände falten. Dabei bleiben die Mittelfinger gestreckt und werden aneinander gelegt.

Das Herz

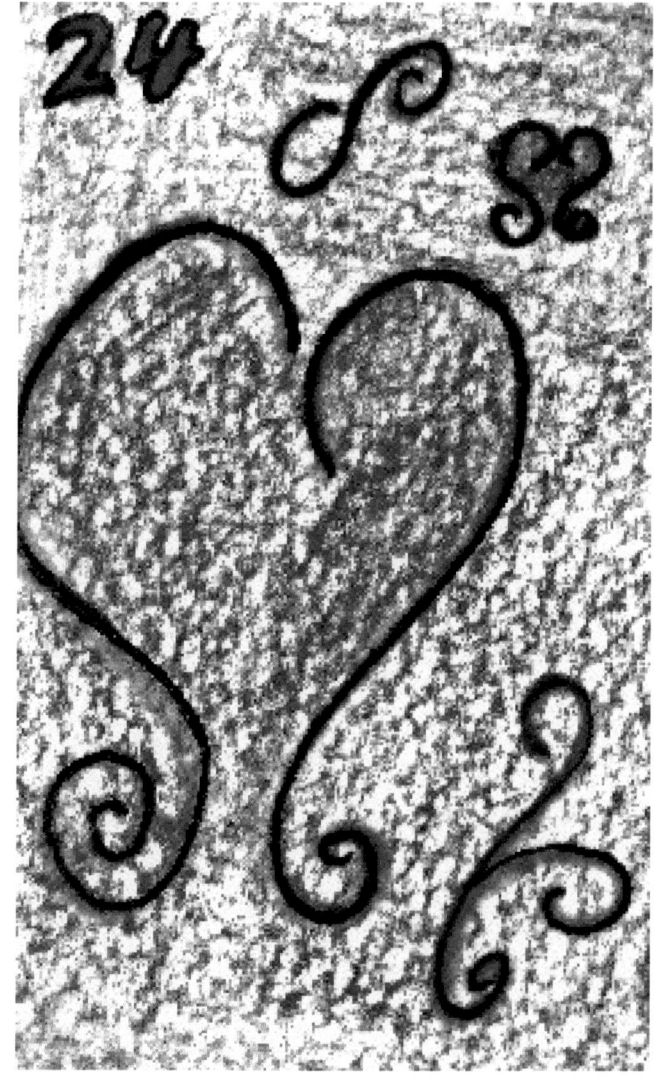

Das Herz

Woran das Herz hängt... Das Herz ist der zentrale Sitz unserer Emotionen. Hier brauchen wir Sicherheit und Harmonie.

Der Efeu, dessen Blatt das Symbol für das Herz ist, ist eine sehr langlebige Pflanze. Jeder Mensch wünscht sich bisweilen eine langlebige, erfüllende Liebe.

Efeu ist allerdings giftig. Was für manche Liebe auch gilt. Sobald etwas verletzt, hat es nichts mehr mit Liebe im herkömmlichen Sinn zu tun. Hier gilt, eine Überprüfung ist fällig.

Wo man sich BeHERZt einsetzt, da läuft es gut, es geht einem leicht von der Hand.

Woran hängt mein Herz?

Haus	7. Haus: Umwelt, Vorstellung des Partners, Aufmerksamkeit
Person	Herzlich, liebevoll, verbunden, blonder, junger Mann, mollig
Spiritstone	Rosenquarz
Körperteil	Herz
Chakra	Herzchakra
Gegenstand	Herz, Efeu
Skatkarte	Herz Bube - Glückskind

Die Herzmudra

Die Zeigefinger beider Hände werden in die Handflächen geknickt. Darüber treffen sich die Kuppen von Daumen, Mittel- und Ringfinger.

Der Ring

Der Ring

Unendlichkeit, Verbundenheit, Beziehungen, Verträge und auch eine Legalisierung sind mit dem Symbol des Ringes verknüpft.

Die Sehnsucht nach Kontinuität und Sicherheit liegen den meisten Menschen im Blut. Da muss Vieles das amtliche Siegel bekommen.

Ein Ring kann ebenso Schmuck sein, der gerne getragen wird. Auch besondere Stellungen verkündet der Ring. Siegelringe von Königen und Päbsten waren schon immer besonders und zeichneten den Träger aus.

Über 21.000 Jahre gibt es den Ring bereits, eine erfolgreiche Geschichte.

Woran binde ich mich? Freiwillig?
Oder doch gezwungen?

Sternzeichen	Stier: Stabilität, Gebundenheit, Status
Zeitwert	Sieben Jahre, eine Periode, Wiederholungen
Person	Gebunden, sicher
Fortbewegungsmittel	Rad
Spiritstone	Rubin
Chakra	Wurzelchakra
Gegenstand	Ring, Schmuck
Kommunikation	in geschlossener Gesellschaft
Skatkarte	Kreuz As – Gewinn, Kraft

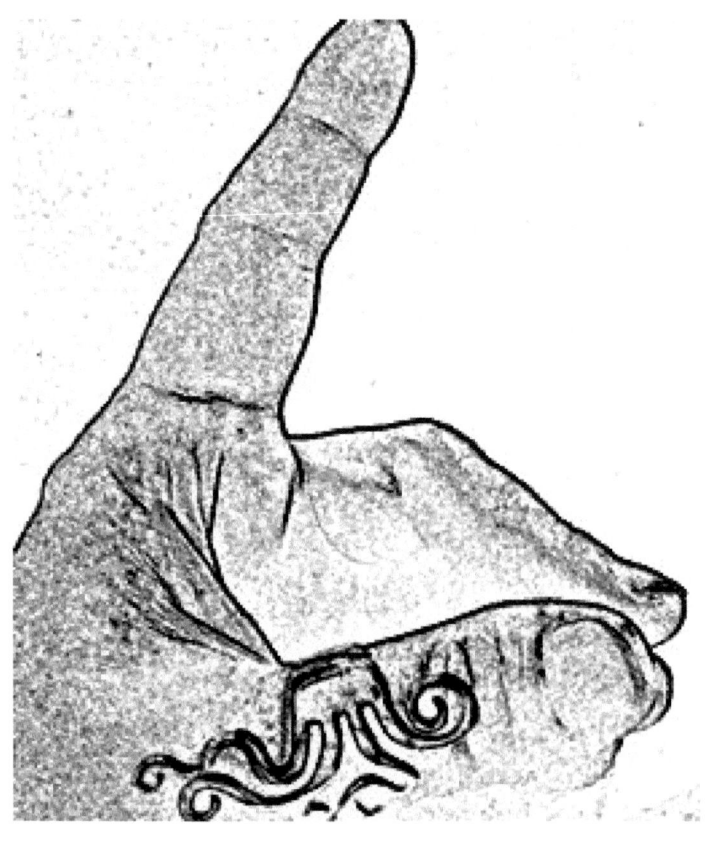

Die Ringmudra

Alle Fingerkuppen der linken Hand treffen sich. Der Ringfinger bleibt gestreckt.

Der Brief

Das Buch

Das Buch steht für Geheimnisse und das Unterbewusste.
Auch Wissen zählt hier, Neues lernen.

Bücher waren in früherer Zeit stets wertvolle Handarbeit,
längst nicht für jeden zugänglich.

Das eigene Lebensbuch stet für die Erfahrungen, die ein
Mensch im Laufe seines Lebens macht.

Bücher dienen ebenso der Unterhaltung: kurzweilig, witzig,
ernst, aufwühlend, wertvoll.

Was möchte ich lernen? Was möchte ich lieber für mich
behalten? Was darf ich sagen?

Sternzeichen	Fische: Unterbewusstsein, Verschwiegenheit, verborgen
Person	Verschwiegen, wissend, gebildet, mysteriöse Aura
Spiritstone	Amethyst
Heilmittel	Meditationen
Chakra	Scheitelchakra
Gegenstand	Buch
Kommunikation	geschriebenes Wort
Skatkarte	Karo 10 – Beginn, Vorteile

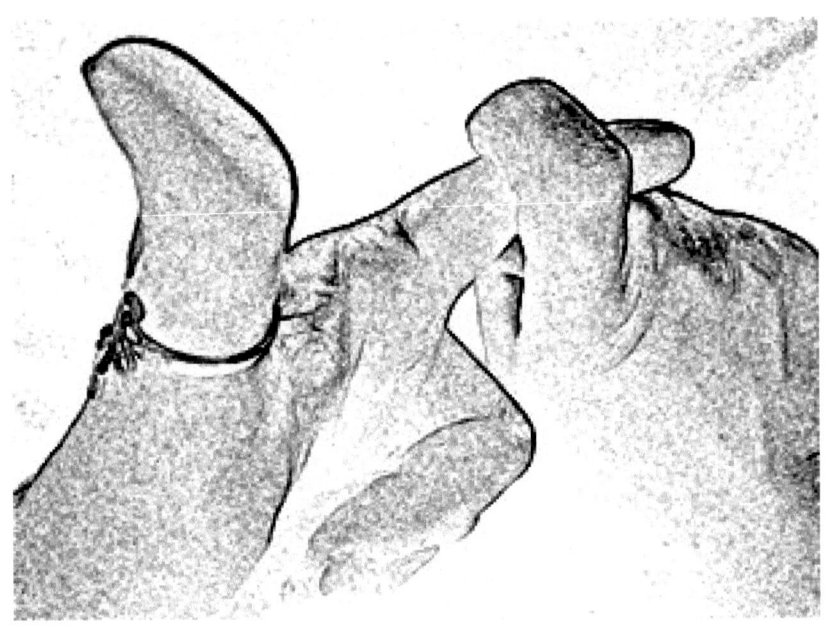

Die Buchmudra

Der Zeigefinger der rechten Hand legt sich um den Zeigefinger der linken Hand. Der Daumen bleibt gestreckt, die restlichen Finger sind gekrümmt.

Der Brief

Der Brief

Kommunikation und die Auseinandersetzung mit anderen Menschen sind Themen des Briefes. Selbsterkenntnis kann ebenso gemeint sein.

Auch Rechnungen, Ausweispapiere und Nachrichten werden gedeutet.

Der Brief kann für die Oberflächlichkeit stehen, da er Tiefe nicht zulässt. Oft kommt der Brief völlig unerwartet in das Leben des Ratsuchenden.

In früherer Zeit waren Briefe das einzige Kommunikationsmittel über längere Distanzen hinweg. Entsprechend lange dauerte die Zustellung. Heute wird der Brief langsam durch Emails ersetzt.

Was will mir die Nachricht sagen? Worauf soll ich mich konzentrieren?

Haus	3. Haus: Raumgreifung, Kontakt, Bewegung
Zeitwert	Sieben Tage
Person	oberflächlich, kommunikativ
Spiritstone	Apatit
Chakra	Halschakra
Gegenstand	Briefe, Papiere
Kommunikation	Schriftlich
Skatkarte	Pik 7 – Fehlschlag, stabil sein

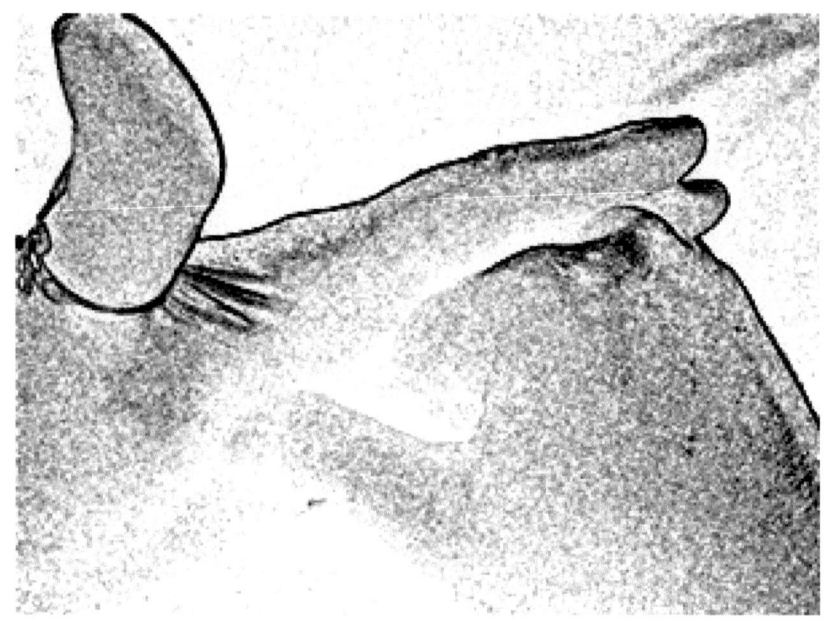

Die Briefmudra

Die geballte rechte Faust liegt in der gestreckten linken Hand.

Der Mann

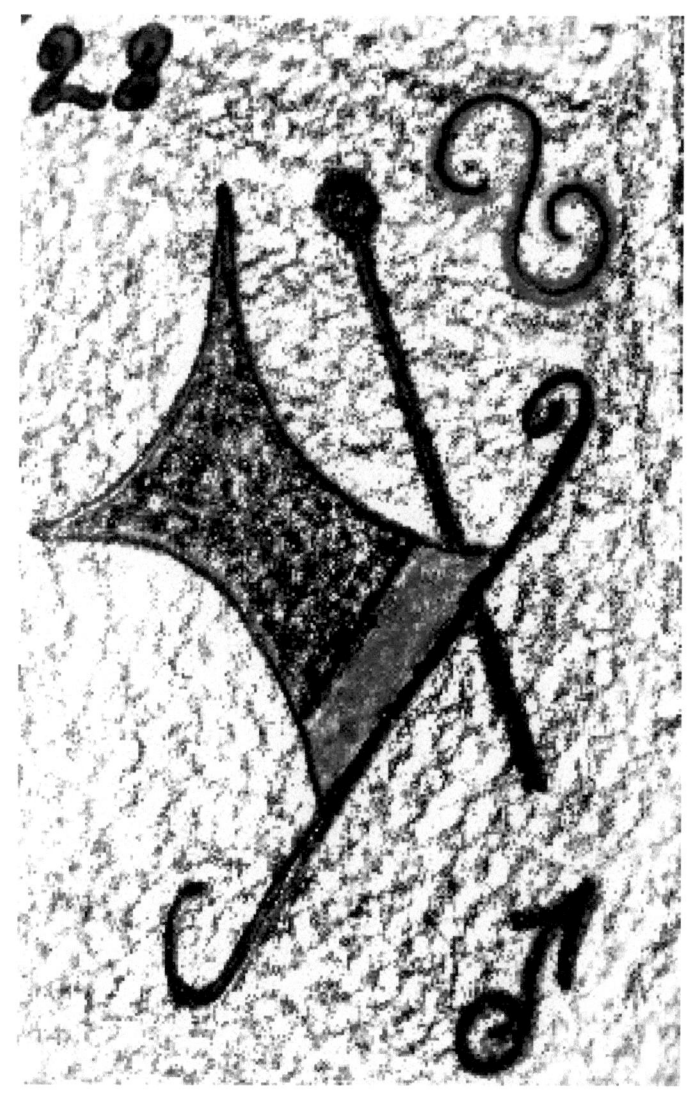

Der Mann

Entweder steht diese Karte für die Hauptperson, wenn der Frager männlich ist oder er ist der Mann, über den die weibliche Fragestellerin sich die meisten Gedanken macht.

Auch männliche Anteile, das Yang in der Psyche können das Thema sein. Größe und Stärke, Durchsetzungskraft, die männlichen Attribute sind gemeint.

Der Vater ist hier nicht gemeint, da dieser nicht soviel Raum einnehmen wird.

Sind meine männlichen Anteile ausgeglichen? Sollte ich mich besser behaupten?

Planet	Mars: Kampf, Widerstand, Abwehr
Person	Hauptperson bei männlichem Fragesteller, sonst Partner
Spiritstone	Bronzit
Chakra	Stirnchakra
Skatkarte	Herz As – Ziel, Erfolg

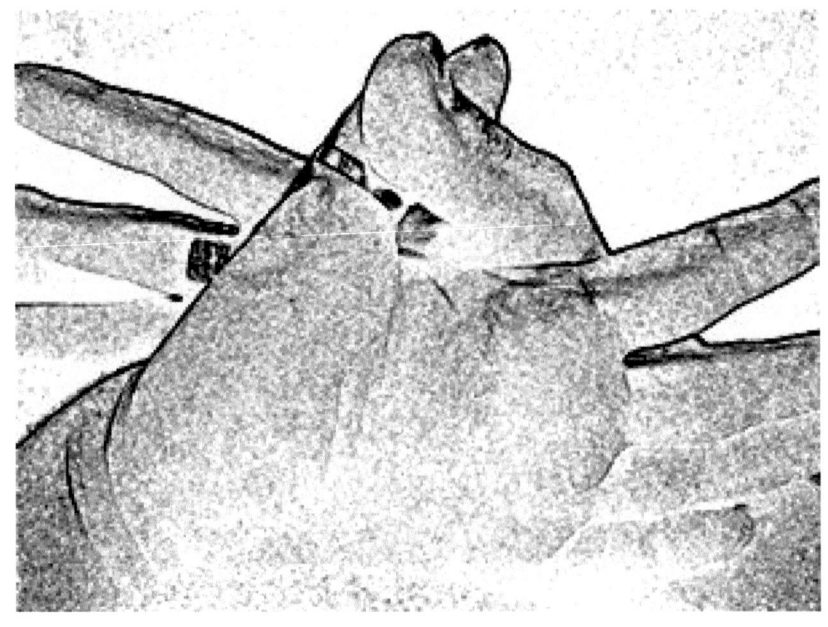

Die Männermudra

Beide Hände ausgestreckt, liegen sie mit dem Handrücken aneinander. Die beiden Daumen verhaken sich.

Die Frau

Die Frau

Entweder steht diese Karte für die Hauptperson, wenn die Fragestellerin weiblich ist oder sie ist die Frau, über die der männliche Fragesteller sich die meisten Gedanken macht.

Auch weibliche Anteile, das Yin in der Psyche können das Thema sein. Weichheit, Anschmiegsamkeit und Empfänglichkeit, die weiblichen Attribute sind gemeint.

Die Mutter ist hier nicht gemeint, da diese nicht soviel Raum einnehmen wird.

Sind meine weiblichen Anteile ausgeglichen? Sollte ich mich besser zurücknehmen?

Planet	Venus: Sinnlichkeit, Genuss, Beziehungsführung
Person	Hauptperson bei weiblichem Fragesteller, sonst Partnerin
Spiritstone	Bernstein
Chakra	Nabelchakra
Skatkarte	Pik As – Innere Stärke

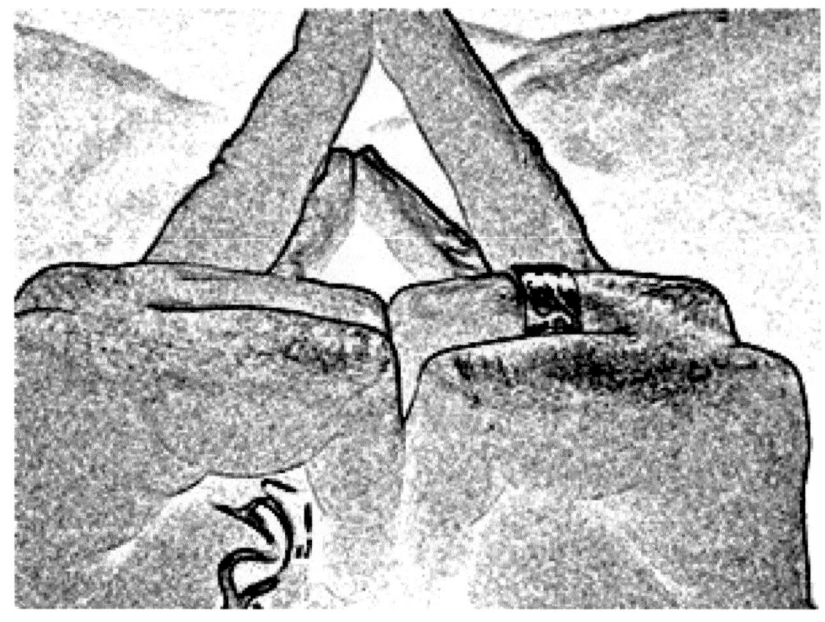

Die Frauenmudra

Die Daumen werden nach innen geknickt und von Zeige- und Mittelfinger umschlossen. Ringfinger und kleine Finger bleiben gestreckt und berühren sich an den Kuppen.

Die Lilien

Die Lilien

Die Lilie steht für Sexualität, Familie und Harmonie. Frieden und positive Gefühle stecken in dieser wundervollen Blüte.

Gerade in religiösen Zeremonien wird die Lilie als Symbol für die Spiritualität genutzt.

Die Blüte findet sich häufig in Wappen und symbolisiert königliche Familien.

Typische Familienmenschen finden sich unter dem Zeichen der Lilien. Unschuld, Reinheit und Freude, Lebenslust, die Feier des Lebens durch Sexualität, all das gibt die Lilie preis.

Wo bin ich sicher? Was macht meine Familie aus? Wo darf ich sein?

Planet	Mond: Emotionen, fundamentale Bedürfnisse, Geborgenheit
Person	Familienorientiert, verbunden, sexuell, Polizist, sicher, Reife
Spiritstone	Mondstein
Körperteil	Geschlechtsorgane, Hormone
Jahreszeit	Winter
Chakra	Sakralchakra
Gegenstand	Lilie
Skatkarte	Pik König – Macht, Erfolg

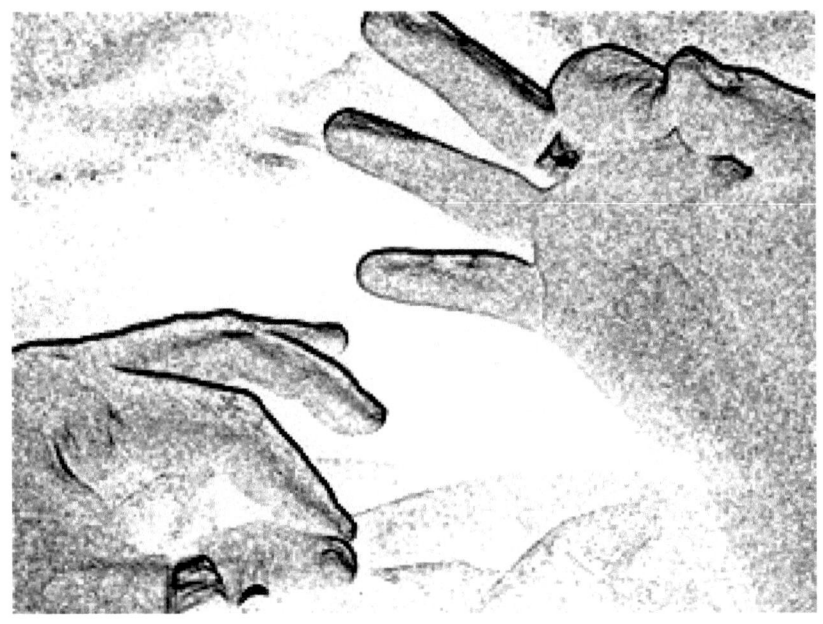

Die Lilienmudra

Daumen und Zeigefinger beider Hände berühren sich. Die restlichen Finger bleiben gestreckt.

Die Sonne

Die Sonne

Der Fixstern, der Leben schenkt. Energie- und Lichtquelle, mächtig und strahlend. Als männliches Prinzip ist sie der Mittelpunkt.

Die Sonne steht für Wärme und erhellende Gedanken. Sie macht Dinge deutlich, zerrt sie ans Licht.

Zu nah am Feuer der Sonne, verbrennt sich so mancher Mensch die Finger.

Optimistisch schaut man in die Zukunft. Sie liegt strahlend schön vor dem Menschen, der seine Wünsche wahr werden sieht.

Wohin gebe ich meine Energie? Wo investiere ich? Was zieht meine Energie unnötig ab?

Sternzeichen	Löwe: Hochmut, Selbstbewusstsein, Egozentrik
Person	Energiegeladen, positiv, Optimist, Schauspieler
Spiritstone	Diamant
Körperteil	Sonnengeflecht
Landschaft	Südliche Länder, Spanien
Heilmittel	Reiki
Jahreszeit	Sommer
Chakra	Solarplexus
Gegenstand	Sonne, Ofen, Strom
Skatkarte	Karo As – Besitz, Dokumente

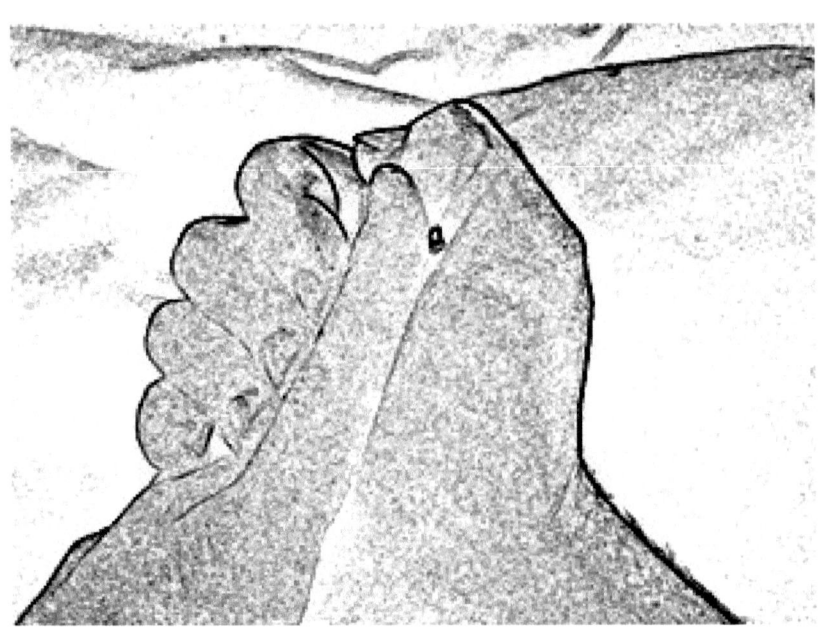

Die Sonnenmudra

Die rechte Hand umschließt die ausgestreckten Finger der linken Hand.

Der Mond

Der Mond

Der Gegenspieler zur Sonne, weibliche Aspekte, das Versteckte, Mystische stellt der Mond dar.

Gefühle und Erfolg sind ein Thema, wenn der Mond in einer Legung eine Rolle spielt. Schattenseiten und Intuition finden sich ein. Auch Zyklen werden durch ihn gesteuert.

Sehnsucht, Liebe und Romantik glühen in seinem diffusen Licht auf.

Auf die eigenen Nerven und Gefühle sollte man mehr Rücksicht nehmen. Sonst droht Krankheit.

Wo verstecke ich meine Gefühle? Wann bin ich verletzbar? Was verletzt mich? Warum verletzt es mich?

Sternzeichen	Krebs: Rückzug, Vorsicht, Gefühlsduselei
Person	Gefühlvoll, mystisch, verschwiegen, erfolgreich, wenig geerdet
Spiritstone	Weißer Chalzedon
Körperteil	Hormonhaushalt
Heilmittel	Yoga
Chakra	Herzchakra
Gegenstand	Mond
Tageszeit	tiefste Nacht, Vollmond
Skatkarte	Herz 8 – Alles oder Nichts

Die Mondmudra

Daumen, Ringfinger und kleiner Finger der linken Hand werden mit den Kuppen aneinander gelegt. Die restlichen Finger bleiben gestreckt.

Der Schlüssel

Der Schlüssel

Der Schlüssel zeigt die Selbstsicherheit. Er steht für das Öffnen von Geheimnissen, Büchern, trägt nach Außen.

Frische Gedanken, Lösungen und Zugänge zu verzwickten Situationen sind nicht weit entfernt. Der Schlüssel ist ein Phallussymbol, der das männliche Streben zeigt.

Auch Befreiung aus einem Gefängnis symbolisiert ein Schlüssel, er gibt nötige Sicherheit.

In der Legung ist der Schlüssel das Ausrufezeichen der vorher gelegten Karte. Das geschieht mit absoluter Sicherheit.

Wo bin ich sicher? Was kann ich für mehr Selbstsicherheit tun?

Planet	Sonne: Energie, zentraler Wille, Lebenswille
Person	Selbstsicher, Rätsellöser, Entdecker, Detektiv, neugierig, zuverlässig
Spiritstone	Turmalin
Chakra	Herzchakra
Gegenstand	Schlüssel, Tresor
Skatkarte	Karo 8 – Chancen, Hilfe

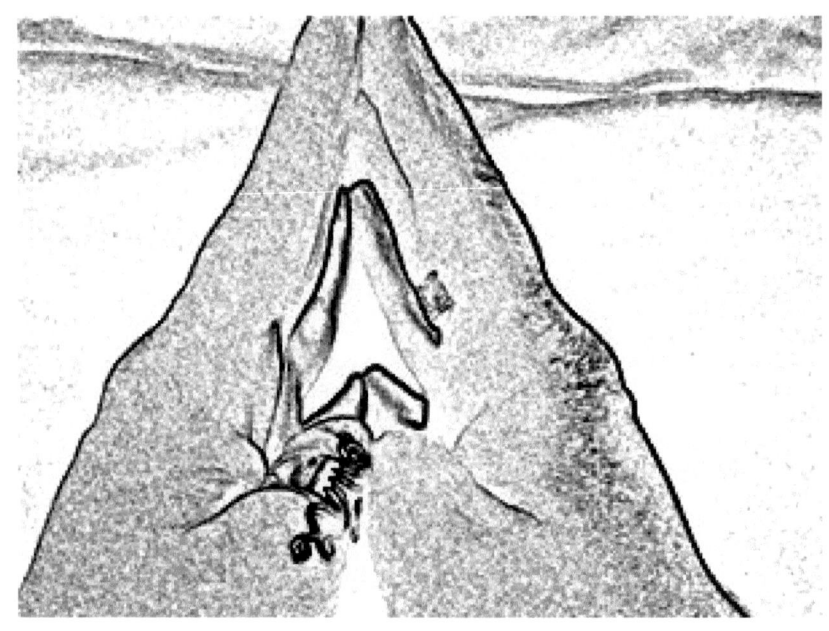

Die Schlüsselmudra

Die Daumen beider Hände werden zu den Handinnenflächen gebeugt. Die restlichen Finger bleiben gestreckt und treffen sich an den Kuppen.

Die Fische

Die Fische

Wenn die Fische auftauchen, so geht es um Finanzen oder den Reichtum der eigenen Seele. Auch wenn sie in der Tiefe des undurchsichtigen Wassers verschwinden, da sind sie.

In der Symbolik der Kirche ist er das Erkennungszeichen der Christen. Früher wurde der Fisch als Geheimzeichen genutzt.

Fische sind munter, verstecken sich, wenn Gefahr von oben droht. Flink und wendig flitzen sie durch das Wasser.

Finanzielle Möglichkeiten sollten genau überprüft werden, bevor man sich auf das Wagnis einlässt.

Wo kann ich meinen Blick erweitern? Wo kann ich mehr aus meinen Finanzen machen?

Sternzeichen	Zwilling: Dualität, Lebendigkeit, Eifer
Person	Seelisch ausgeglichen, tiefsinnig, Psychologe, selbstbewusst, groß, blond
Spiritstone	Aquamarin
Tier	Fisch
Chakra	Stirnchakra
Gegenstand	Fisch
Skatkarte	Karo König – Geschäfte, Begierden

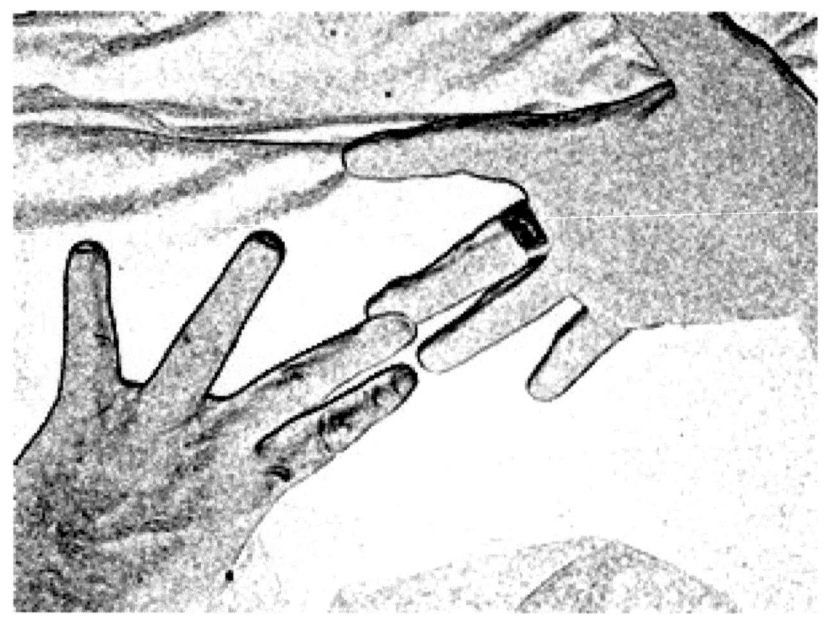

Die Fischmudra

Beide Hände werden gegeneinander gedreht. Die Kuppen der Mittelfinger werden aneinander gelegt.

Der Anker

Der Anker

Der Anker steht für die Arbeitswelt, woran man hängt, praktisch verankert ist. Der Anker hält fest, auch bei Unruhe auf dem Lebensmeer. Manchmal auch zu fest.

Er ist ein Attribut Neptuns, dem Gott des Meeres. Bei den Christen zeigt der Anker die Verwurzelung in Gott, dem eigenen Glauben.

Der Anker lässt so schnell nicht los, was nicht unbedingt von Vorteil sein kann. Manchmal halten wir an etwas fest, was schon lange fortgehen soll.

Doch Veränderungen können Angst machen und gerade in wichtigen Lebensbereichen fällt eine Trennung oft schwer.

Wo sollte ich innerlich zur Ruhe kommen? Wie kann ich mich stabilisieren? Welche Arbeit macht mir Freude?

Haus	6. Haus: Grenzen, Zusammenspiel, pragmatisch
Person	In sich ruhend, klammernd, fleißig, vertrauenserweckend, von dieser Person kann man sich nicht trenne
Spiritstone	Saphir
Landschaft	Meer
Jahreszeit	Herbst
Chakra	Halschakra
Gegenstand	Anker, Sicherung
Skatkarte	Pik 9 – Bindung, wenig Freude

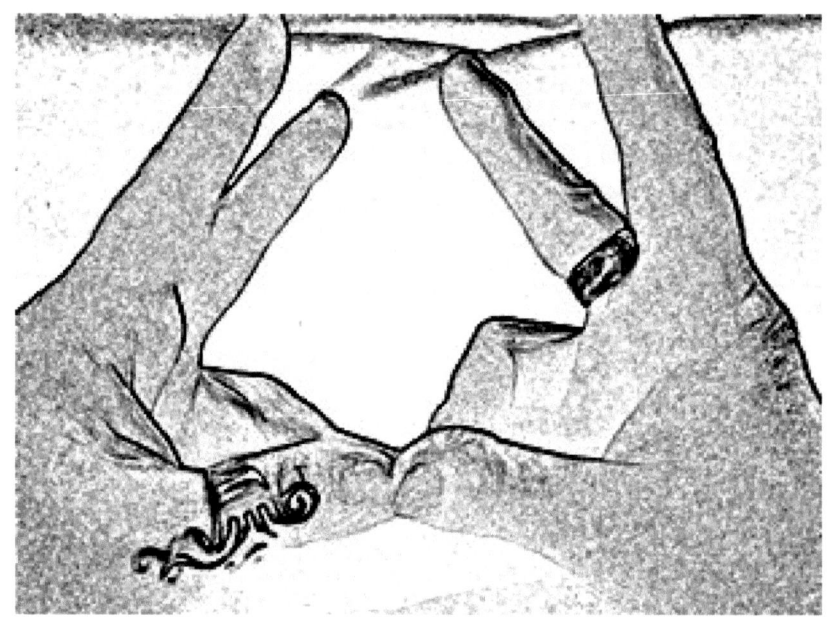

Die Ankermudra

Daumen und Ringfinger treffen sich an den Kuppen, beide Hände werden zusammen geführt. Die restlichen Finger bleiben gestreckt.

Das Kreuz

Das Kreuz

Karma, Schicksal, Kismet, all das drückt das Kreuz aus. Das Kreuz hat eine schwere Symbolik zu tragen.

In früherer Zeit war es häufiger ein Mordinstrument. Last und Bürde, schwere Not, das Unausweichliche, dem man sich zu stellen gezwungen ist.

Zugleich löst es auch schwierige Situationen, wenn es am Ende einer Legung liegt. Das Kreuz ist absolut und starr. Verhandlungen mit dem Schicksal sind nicht möglich.

Wo sollte ich mein Leben einer Prüfung unterziehen? Was kann ich dieses Mal verändern? Wo habe ich das schon einmal erlebt?

Haus	12. Haus: unfassbar, Übergang, Auflösung
Zeitwert	Mehrere Wochen
Person	Trägt am Schicksal, stark belastet, magere Statur, unauffällig, drahtig
Spiritstone	Tigereisen
Körperteil	Wirbelsäule
Chakra	Herzchakra
Gegenstand	Kreuz, Christentum
Skatkarte	Kreuz 6 – Harte Arbeit, beratungsresistent

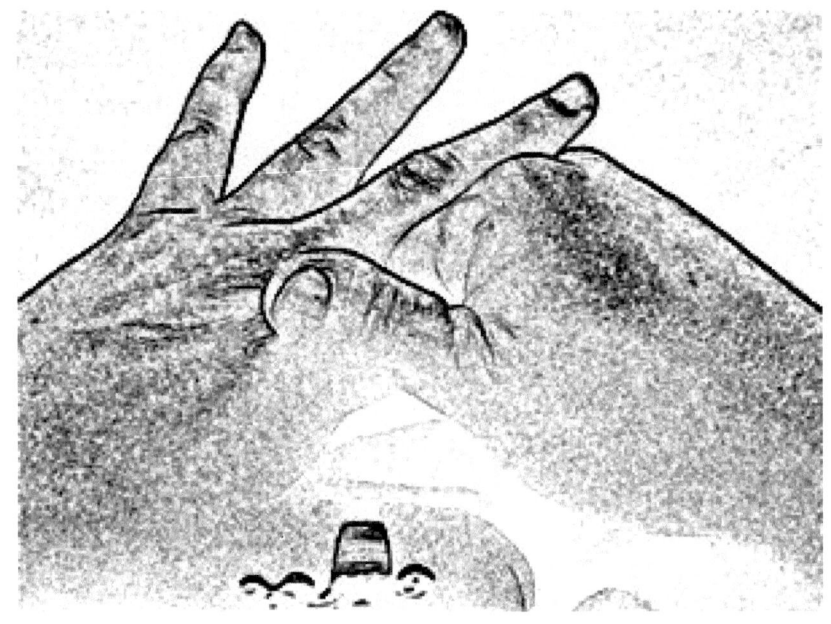

Die Kreuzmudra

Die linke Hand wird gestreckt. Mit der zur Faust geballten rechten Hand wird der Zeigefinger der linken Hand umfasst.

Nachwort

Dieses Buch ist Teil einer Serie. Bereits erschienen:

Lenormand mal anders! Deutung to go!

Als eBook überall im Buchhandel,

ISBN: 9783724709975

Demnächst folgen verschiedene Legesysteme, einfach und verständlich erklärt. Auch die große Tafel wird dabei sein.

Besuchen Sie mich auf meiner Webseite:

www.sandra-kueper.de

Dort finden Sie regelmäßig Neuigkeiten!

Platz für Notizen: